Florenz Tourtual

Bischof Hermann von Verden, 1149-1167

Florenz Tourtual

Bischof Hermann von Verden, 1149-1167

ISBN/EAN: 9783743335998

Hergestellt in Europa, USA, Kanada, Australien, Japan

Cover: Foto ©ninafisch / pixelio.de

Manufactured and distributed by brebook publishing software (www.brebook.com)

Florenz Tourtual

Bischof Hermann von Verden, 1149-1167

BISCHOF
HERMANN VON VERDEN,

1149—1167.

VON

Dr. FLORENZ TOURTUAL,
MITGLIED DES VEREINS FUER GESCHICHTE UND ALTERTHUMSKUNDE
WESTFALENS.

MUENSTER,
DRUCK UND PAPIER VON FRIEDRICH REGENSBERG.
1866.

HERRN ARCHIVRATH

Dr. ROGER WILMANS

DEM

THAETIGEN ERFORSCHER

DER

GESCHICHTE DES ENGEREN UND DES WEITEREN VATERLANDES

IN

GROESSTER HOCHACHTUNG UND DANKBARKEIT

GEWIDMET.

INHALT.

	Seite
1. Vorwort	VII
2. Hermann von Verden, text	1
3. Aufenthaltsnachweis Hermanns	53
4. Exkurs: Hermanns sendung nach Spanien . . .	74
5. Anhang: 2 urkunden	81
6. Berichtigungen und zusaetze	84

VORWORT.

Nachdem juengst das heldenbild Karls des Grossen in neuer bearbeitung dem Ottos des Grossen wuerdig an die seite getreten ist, muss unsere zeit und das Deutsche volk ein solches bild auch von der herrschergestalt Barbarossas verlangen. Mit dieser aufgabe ist bereits herr professor von Giesebrecht beschaeftigt.

Vielleicht wird er, dieselbe in aehnlicher weise wie Jaffé bei Lothar und Konrad III. loesend, jedem einzelnen reichsfuersten, geistlichen und weltlichen eine besondere aufmerksamkeit zuwenden und als anhang regesten der einzelnen geben. Dazu einen geringen beitrag zu liefern beabsichtigt diese kleine darstellung, welche entstand, indem ich bei ausarbeitung meines Mailaenderkrieges *) und des schismas **) moeglichst alles zu sammeln suchte, was sich ueber Hermann von Verden finden liess, dessen nicht unbedeutendes wirken ja so eng mit dem des Prager bischofs Daniel I., seines freundes, zusammenhing. Am 17. Mai dieses jahres las

---

*) Boehmens antheil an den kaempfen kaiser Friedrich I. in Italien. 1. theil: der Mailaenderkrieg. 1158. 1159. Goettingen 1865 bei Deuerlich; VIII, 187. 25 sgr.
**) Die fortsetzung dieser arbeit, Muenster 1866 bei Aschendorff; in commission bei Brunn in Muenster.

ich den text dieser arbeit ueber Hermann von Verden im hiesigen alterthumsvereine; die gute aufnahme derselben veranlasste mich, den stoff weiter zu bearbeiten fuer die veroeffentlichung. Es werden sich diese mittheilungen ohne zweifel noch vermehren und ergaenzen lassen; doch darf ich vielleicht hoffen, im grossen und ganzen das wesentlichste, was wir ueber Hermann wissen, hier zusammengestellt zu haben. Nicht nur das leben der erzbischoefe, die fuer die zeit Friedrichs I. ja noch nicht einmal alle bearbeitet sind, auch das der bedeutenderen bischoefe und aebte scheint in der that eine wuerdige aufgabe der geschichtsschreibung zu sein. Regesten Hermanns von Verden schienen um so nothwendiger, da Jaffé (K. Konrad III. s. 272, XI, 2) von ihm erst ein einziges stueck verzeichnet hat. Die hier gelieferten regesten zeigen, wie ausserordentlich duerftig und zerstreut die nachrichten ueber Hermann sind; um so mehr suchte ich hier immer moeglichst viele druckorte anzufuehren, von denen auch manche schon in den anmerkungen des textes angegeben sind. Kommen so einige wiederholungen vor, so ist das nicht ohne absicht geschehen; die sicherheit fuer die richtigkeit der angefuehrten stellen wird dadurch gerade verdoppelt, der forscher vor eingeschlichenen druckfehlern besser geschuetzt.

Moege das buechlein bei fachmaennern eine nachsichtige aufnahme finden!

Muenster 1866 Juli 6.

Dr. Florenz Tourtual.

Leider wissen wir ueber die frueheren verhaeltnisse und ueber die erste laufbahn bischofs Hermann von Verden gar nichts: weder wann und wo er geboren, noch von welcher abkunft er war, (wir kennen nur einen bruder von ihm. Hungold)[1] noch wo er erzogen und ausgebildet wurde. Ja, selbst die zeit seiner erhebung auf den bischoeflichen stuhl wird, wie bei seinem Prager freunde, verschieden angegeben; es wird wohl das jahr 1149 sein.[2] Wie ueberaus gross allein der mangel an urkundlichem stoffe fuer die zeit der bischoeflichen regierung Hermanns ist, mag aus dem umstande erhellen, dass die durch von Hodenberg herausgegebenen Verdener geschichtsquellen nur 4 ihn betreffende stuecke geben, das umfassende in neuester zeit herausgegebene Meklenburger urkundenbuch nur 2 stuecke, dass dagegen saemmtliche baende der veroeffentlichungen des niedersaechsischen geschichtsvereins, das Hodenberger urkundenbuch, das Calenburger

---

[1] S. Jaffé, mon Corb. p. 631, 489 n. 359, cod. Wibald. 336.
[2] Sein vorgaenger Thietmar II. starb IX. Cal. Oct. 1148 = 1148 Sept. 23. Chron. episcop. Verdens. bei Leibniz, SS. rr. Brunsvic. 2, 217. Diese nachricht scheint aus den Poehlder jahrbuechern SS. 16, 84 genommen zu sein. Mooyer folgt ihr in seinem onomastikon. Im allgemeinen sind die Poehlder jahrbuecher leider wenig zuverlaessig, wie wir das stellenweise zu zeigen versucht haben, s. schisma s. 208 anm. 316 2. haelfte; s. 245, 246 anm. 385: s. 205 anm. 311 b 2. haelfte. Nach Hodenberg, Verd. G. Q. (Celle, 1859) 2, 43 und Mooyer, onomastikon, sass Hermann von 1149—1167, dagegen nach Jaffé, K. Konrad III. s. 272, XI, 2 von 1148—1167. Doch wird die erstere angabe wohl die richtige sein, da es im stiftungsbriefe des konvents zu Distorf von 1161 Dez. 10 heisst: ac Hermanni episcop. XIII. anno; also sein anfang 1149. Die stelle bei Ph. W. Gerckens, fragmenta Marchica 1, 4.

urkundenbuch, das niederrheinische urkundenbuch (von Lacomblet) nichts ueber ihn beibringen.

Auch die nacheren umstaende seiner weihe und seiner belehnung sind uns vollstaendig unbekannt; schliesslich ist auch wieder das todesjahr und selbst der todestag verschieden angegeben, ein schicksal, das er wieder mit seinem Prager freunde gemein hat.[3]) Es ist gewiss merkwuerdig genug, dass wir fuer bischof Hermann eigentlich nur eine einzige heimische quelle der geschichtsschreibung haben; das bei weitem meiste, was uns sonst noch ueber ihn erhalten ist, ward vom kaiserlichen geschichtsschreiber und in Prag, Lodi und Rom geschrieben; in Prag von dem kapellan seines freundes, des bischofs Daniel; in Lodi vom sohne des kaiserlichen pfalzrichters Morena und in Rom von dem verfasser des lebens des papstes Alexander III.

Bei so trauriger lage unserer ueberlieferung ueber die wichtigsten angelegenheiten des unserer theilnahme gewiss in hohem masse wuerdigen bischofes muessen wir es als ein glueck betrachten, dass uns wenigstens seine persoenlichkeit im allgemeinen, wenn auch nur in wenigen zuegen ueberliefert worden ist. Zwar nicht von der chronik der Verdener bischoefe; diese sagt nur von ihm: er habe sich eines grossen rufes und ver-

---

[3]) Als todestag gibt das necrolog. S. Michaelis Luneburg. (1167) III. Id. Aug. = 1167 Aug. 11, bei Wedekind, noten u. a. w. III.; dagegen das chron. episcop. Verdens. bei Leibniz SS rr. Brunsvic. 2, 217: III. Cal. Aug. = Juli 30, jedenfalls irrig statt III. Id. Aug., da das Roemische fieber, an welchem Hermann starb, erst 1167 Aug. 2 ausbrach; s. anon. Laud. cont. SS. 18. Falsch gibt das todesjahr (als 1168) der appendix 3 ad Radevicum. — Das chron. episcop. Verd nennt ihn den 27. statt den 22. bischof; wenigstens zaehlt Mooyer nur 21 vor ihm auf in seinem onomastikon; der fehler entstand vielleicht durch abschreiben, indem sich eine V in die zahl hineingeschlichen hat.

trauens beim kaiser Friedrich und seinem hofe erfreut.[4])
Es ist vielmehr der Lodese Acerbus Morena, der Hermann naeher trat und uns etwas naeheres ueber ihn mittheilt. Dieser sagt: Er war von nicht sehr grossem wuchse, guetig, barmherzig und fromm, voller weisheit, einnehmend und umgaenglich, heitern sinnes, gerechtigkeitsliebend, Gottesfuerchtig und Gottes geboten nachlebend, und auf seine umsicht und seinen rath setzte der kaiser das groesste vertrauen.[5])
Schwer wiegend ist endlich das zeugniss des Vincenz v. Prag, der auch dem freunde und zeitgenossen seines bischofes unzweifelhaft naeher getreten war, ihn genau kannte. Dieser nennt ihn bei aufzaehlung der langen bischofsreihe, in deren mitte sonderbar der Trierer erzbischof sich befindet, am ersten platze, gleich nach ihm Daniel von Prag.[6]) Weiter nennt er ihn ebenfalls, wie Acerbus Morena, voller weisheit,[7]) und endlich einen ehrwuerdigen, Gott und den menschen angenehmen mann, einen bestaendigen zeitgenossen Daniels am hofe des kaisers,

---

[4]) Hic magnae famae et fidelitatis habebatur ab imperatore Friderico primo et a tota curia. Bei Leibnis SS. rr. Brunsvic. 2,317.

[5]) SS. 18, 641. Diese beschreibung Hermanns gibt Morena unter denen des kaisers, der kaiserin, des Rheinpfalzgrafen Konrad, Reinalds von Koeln, Heinrichs des Loewen und Ottos von Wittelsbach, jedenfalls eine der anziehendsten stellen seines werkes. Er nennt den Hermann episcopus de Saxonia, aehnlich wie Petrus Casinensis den Burchard von Münster episcopus Saxonum. Dann faehrt Morena fort: Erat non multum longae staturae, benignus, misericors et pius, sapientia imbutus, dulcis et affabilis, hilaris corde, amator justitiae, timens Deum et mandata ejus servans, et in ejus providentia et consilio maxime confidebat imperator.

[6]) S. unsern M. K. s. 13 anm. 27 — Ermannus Verdensis episcopus, Daniel P. ep. Tauschinski p. 118. SS. 17, 673.

[7]) Ermannum Verdenensem (so) episcopum, virum sapientissimum. Tausch p 123.

1 *

der zugleich mit ihm auf dem 4. zuge des kaisers nach Italien das ehrenvolle vertrauensamt eines kaiserlichen hofrichters durch ganz Italien bekleidete, der vom kaiser beim allgemeinen abfall der Lombardischen staedte nach Pavia geschickt wurde, um die Pavesen standhaft in ihrer treue gegen den kaiser zu machen.⁸)

Was also den hohen einfluss Hermanns beim kaiser betrifft, so bestaetigen sich alle 3 berichte gegenseitig; er war ein ganz bedeutender und Friedrich bewies ihm sein besonderes vertrauen durch mancherlei auftraege und wichtige gesandtschaften, von denen weiter unten ausfuehrlicher rede sein muss; betreffs seines charakters und seiner vielen guten eigenschaften, die hier hervorgehoben worden sind, duerfen wir aber nicht vergessen, dass alle 3 quellen befreundete sind, dass wir ihn von gegnerischer seite als ungerecht, gewaltthaetig, boshaft,

---

⁸) Domini quoque Ermanni Verdensis episcopi militia, viri venerabilis et curam deo et hominibus approbati, qui semper in curia domini imperatoris domini Danielis episcopi contubernialis*), et cum eo in ea expeditione imperialis curie in tota Italia judex extiterat. Qui Papiam ab imperatore, ut eos(so) consilio suo in fide erga imperatorem stabiles efficiat missus fuerat, in contubernio Pragensis episcopi dimissa militia etc. Tausch p 138 139, der nach imperatoris oben ein doch wohl unpassendes komma setzt.

*) Eine aehnliche zeltgenossenschaft ist uns ausfuehrlicher beschrieben vom herzog Otto von Kaernthen und dem markgf Wilh. v Juelich. Joh. Victor, bei Boehmer ff. 1, 422 erzaehlt sie uns: Quem (den markgf) dux Otto sibi in familiaritatem militaris contubernii conbinavit, galeeque sue decus, quod pinnam sive zimeram vel glareotam dicunt, in bellis tornetis et hastiludiis utendum contradidit, coronam scilicet auree resplendentie galee circumductam, et e medio pavonicorum speculorum relucentium fasciculum exurgentem. [Die variante aus der Trautmannsdorf. hs nach Steyerer hat statt glareotam glarcotam (bedeutung?); statt exurgentem resurgentem].

verstockt⁹) und stolz¹⁰), als einen hartnaeckigen schismatiker bezeichnet sehen.¹¹) Wir gehen nunmehr nach dieser kurzen einleitung

---

⁹) In der Kemnater und Ulsener sache; in der ersteren hatten sogar sein bruder Hungold und einige andere seiner parrochianen die gueter Kemnates gewaltthaetig geraubt und unrechtmaessig festgehalten, betreffs welcher sache Hermann vom papste Eugen III. eine strenge ermahnung bekam (1152 Jaenner 9): presentium tibi auctoritate mandamus, quatinus germanum tuum et alios prefatos invasores districte communeas, ut prefatae aecclesiae ablata restituant et ab ejus infestatione desistant. S dies schreiben vollstaendig im anhange. Betreffs der Ulsener sache schreibt Wibald an Eugen III. (1152, Jaffé, mon Corb. n. 393 p 524, 525): (Sifridus abbatiam de Ullesheim) amministravit jam annis plus quam duodecim cum disciplina et augmento sui ordinis et rerum temporalium incremento, ita ut testimonium haberet ab his etiam, qui foris sunt. Hunc dominus H(ermannus) Ferdensis ep., in cujus parochia idem monasterium consistit, sine vocatione et sine audientia, sine judilio, non convictum, non confessum, de abbatia sua expulit et omnibus monasterii rebus plus quam per anni spatium jam spoliavit. Pro qua re non solum a nobis verum etiam a reverendis confratribus nostris, totius fere Saxoniae abbatibus, frequenter et officiose commonitus, nec restituere nec ordine canonico tractare ipsum confratrem nostrum voluit. Insuper ad intolerabilis contumeliae cumulum quosdam pseudomonachos quos predictus abbas propter enormitatem vitae suae de monasterio projecerat, in illam aecclesiam malignantium tamquam in sentinam recollegit, et quicquid improbi et irati et sese ulcisci cupientes confingere in famam abbatis potuerunt, conscripsit et dispersit. Gleich weiter wird der predictus abbas auch vir utique honestus et litteratus genannt.

¹⁰) Vit. Alex : Venerunt ipsi (Hermann und Daniel) festinanter et in typo superbiae, et intrantes palatium steterunt coram pontifice . . . . sed nullam exhibuerunt pontifici reverentiam . . . . . . Dato responso indignati sunt et contumaciter redeuntes. . . . . .

¹¹) So nennt ihn bei ersaehlung seines todes die vita Alex.: pertinacem schismaticum. Wir haben schon in unserm schisma hervorgehoben, welche bedeutung die vita Alex. dem Hermann beilegt, indem sie von den 1167 am Roemischen fieber gestorbenen nur Reinald von Koeln und Hermann namentlich auffuehrt.

zur darstellung des vielbewegten lebens unseres bischofes selbst ueber.

Schon bald nach uebernahme seines bischoeflichen amtes sehen wir Hermann in die aergerlichsten streitigkeiten verwickelt, die wir schon oben [12] beruehrten. Zuerst ist es der streit des beruehmten abtes Wibald von Korvei mit der abtissin Judith von Geseke, Kemnate (kloster im Mindener sprengel, am linken ufer der Weser) und Eschwege (s. o. Kassel). Wir gehen hier um so lieber etwas nacher auf diesen streit ein, da er sich ja um hochberuehmte persoenlichkeiten und ortschaften des Sachsenlandes dreht. Den anfang nahmen diese Kemnater wirren durch die verleihung von Kemnate und dem benachbarten kloster Fischbeck (n. w. Hameln) an Wibald durch koenig Konrad. Wibald, obgleich beim koenige in hohem ansehen, begann, von den seinigen aufgemuntert, doch nur leise und furchtsam darum anzuhalten. [13]

Der koenig, obwohl er nicht leicht zustimmte, gab endlich aus liebe zu ihm nach, bei der erinnerung an seine verdienste um ihn und wegen seiner unwiderstehlichen liebenswuerdigkeit, und verlieh die beiden kloester Kemnate und Fischbeck der Korveier kirche, [14] zu Fulda, am 29. Jænner 1147. [15]

---

[12] S. 5. anm. 9.

[13] Chronographus Corb. bei Jaffé, mon Corb. p. 54.

[14] Chron. Corb. ib. p. 55. Rex autem, quamquam non facile acquiesceret, tandem convictus amica ejus dilectione et nonnulla laborum suorum circa ipsum commonicione blandaque qua et abundabat conventione, in fructuario boni fenoris emolumento peticioni abbatis annuit, et ecclesie nostre abbaciolas duas Kymenaden et ei vicinam Visbike concessit, ac per anulum gemmario lapide condecorosum ad nos transmisit. — Cf. Conradi III diploma ap. Erhard, reg. Westf. II, C. D. p. 46. — Origines Guelficæ 3, 428.

[15] Chron Corb. p. 54 supra.

Es war, als ob sowohl bittsteller als verleiher eine ahnung gehabt haetten von dem vielfachen unheil, was nun hereinbrechen wuerde. Obgleich nun schon in Fulda einige fuersten dieser verleihung zugestimmt hatten, so wurden doch noch alle reichsfuersten vom koenige nach Frankfurt berufen, um bei einer so wichtigen angelegenheit ihrer zustimmung sich zu versichern.[16a]

Es war jener beruehmte reichstag, 1147 Mariæ Lichtmess gehalten, auf welchem koenig Konrad und Wibald selbst mit vielen andern fuersten das kreuz nahmen, mit fast allen Saechsischen bischoefen[16b]: es waren die bischoefe Rudolf von Halberstadt, Werner von Muenster, Reinald von Merseburg, Wigger von Brandenburg, Anselm von Havelberg, der spaetere erzbischof von Ravenna, endlich Heinrich von Olmuetz, ein mann von hoechstem ansehen in Rom, Maehren, Boehmen und Deutschland. Von weltlichen waren es Heinrich d. L., markgraf Albrecht der Baer und Konrad von Wettin, die das Sachsenland gewiss wuerdig vertraten.[17]

Wibald wandte sich sofort von Frankfurt nach Korvei zurueck, verweilte daselbst nur einige tage und begab sich dann nach Kemnate, wo er sich durch ein koenigliches schreiben einlass und gehorsam verschaffte;[18] als er nun aber sich auch nach Fischbeck

---

[16a] Chron. Corb. p. 55: Pro his ergo stabiliendis et confirmandis, licet non nulli principum his affuerint et consentientes fuerint eciam, Frankenevurdo se sibi occurrere statuta die indixit, ubi et primates regni pro publica re generali evocatione advenire instituit.

[16b] Nach Prutz, Heinrich d. L. s. 59. ob. auch die erzb. Adalbert v. Hamburg u. Friedrich v. Bremen! Aber v. 1072—1258 war Hamburg u. Bremen vereinigt unter einem erzb Friedrich I. v. Bremen † bereits 1123 20/1, Friedrich II (v. Daenemark) saß 1634—1648 10/4.

[17] Helmold, chronic. Slav. 1, 62. Ann. Magdeburg p. 188.

[18] Chron Corb. p. 55.

begeben wollte, schickten ministerialen herzogs Heinrich des Loewen und des ritters Adolf v. Schauenburg (ungefachr in der mitte zwischen Hameln und Bueckeburg) gesandte an den abt, welche ihn bewogen, dies zu verschieben, bis sie selbst den entschluss ihrer herren in dieser sache wuessten; wenn diese auch zustimmten, so wuerden sie gern zu jedem dienste bereit sein. [19])

Aber in Kemnate drang Wibald mit einer starken schaar bewaffneter ein und holte dort alle schaetze und kostbarkeiten fort. [20])

Und er bedurfte in der that einer guten mannschaft dabei, denn der Schwalenberger Folkwin, Ludwig von Lar, das Eversteiner geschlecht, endlich Dietrich von Riklinge waren Wibalds gefaehrliche feinde. [21]) Dietrich wollte die Judith, die schwester des Siegfried und Heinrich von Bomeneburg, grafen von Nordheim, auf alle weise nach Kemnate zurueckfuehren. [22]) Heinrich war sogar abt von Korvei gewesen. [23])

---

[19]) Chron. Corb. p 55, 56.

[20]) Das. p. 56: Ac de Kimenaden thesaurum et qureque preciosiora huic ecclesie ad conservanda in pocioris fortunæ dies duxit; quia et adstans perplexi malicia per variaque et inenarrabilia (so). Idcirco et armata manu militari abbas coadunata satis admodum et copiosa, ne ac presente sinistri quid oriretur aut etiam se semoto, hinc spectabiliora tulit: ne forte, si qui emulatorum supervenirent, ad votum sibi parere (so) haut invenirent inibi vel unde. Vielleicht non parere?

[21]) Chron. Corb. p. 56.

[22]) Theodericus nihilominus de Riclige nostris offensus extat; qui et sororem Sigefridi principis et Heinrici, quondam hoc in loco abbatis, jam nunc patrocinatur et reinducere inibi tota sagacitate ac studio conatur. Jaffé bemerkt anm. 5, es sei Heinrich I. von Korvei gewesen. Dieser war aber nach Mooyer, onomastikon, von Bomeneburg und graf von Nordheim.

[23]) S. anm. 22. (Nach Mooyer, onomastikon, von 1144—1146 Maerz 21; Jaffé hat wohl richtiger 1143—1146 Maerz 21, mon. Corb. p 72 supr.)

Nach einiger zeit kam dann der abt wieder nach Frankfurt zum reichstage (1147 Maerz 19), wo eine grosse menge fuersten aus der ganzen welt fast zusammengestroemt war, weil man einen neuen koenig waehlen musste, indem koenig Konrad im begriffe war, zum h. lande zu ziehen. Er setzte es durch, dass die fuersten seinen sohn Heinrich zum koenige waehlten.[24] Hier wurde nochmals die verleihung der beiden kloester auf betreiben Wibalds bestaetigt.[25] Hier gab auch herzog Heinrich der Loewe auf den wunsch koenigs Konrad III. die vogtei ueber die kloester an Korvei und nahm sie dann von Wibald wieder zu lehen.[26] Aber auch koenig Heinrich stimmte der verleihung bei mit den uebrigen geistlichen und weltlichen fuersten, die investitur sollte vom bischofe Burchard von Strassburg oeffentlich vollzogen werden.[27] Auch der beruehmte Bernhard von Clairvaux war dabei be-

---

[24] Chron. Corb. p. 58.

[25] Chron. Corb. p. 58: abbas Frankenvorde venit et agit se in principum consistorio, quando et denuo duarum ecclesiarum illarum, jam aliquoriens prelibatarum, facta est huic ecclesiae tradicio aut etiam confirmatio (so) — Vgl. Conradi III dipl. d. 1147 Frankenevort bei Erhard a. a. o.

[26] Betreffs Kemnates s. Erhard reg. Westf. 2, 49. Origg. Guelf. 3, 438. Prutz, Heinrich der Loewe, reg. s. 453. Betreffs Fischbecks geschah dasselbe, s. chron. Corb. p. 59: exposuit, qualiter ipse dux advocatias utrorumque locorum illorum regibus redderet, ipsique et ecclesie nostre traderent, postque ab abbate ipse dux denuo in beneficium reciperet.

[27] Chron. Corb. p. 58: Utrisque igitur in hac tradicione vel confirmatione (so) assentientibus presulibus abbatibus principalibus nec non et cunctis presentibus proceribus in bis applaudentibus, rata sancitur, sic tamen ordinarie, ut investigaretur publice a domno Burghardo, presule civitatis Argentine (1140—1162 Juli 10) censurae judiciarie.... (so).

theiligt.²⁸) ja sogar der papst und die Roemischen grossen zugegen.²⁹)

Die darueber ausgestellten schriftstuecke hielt Wibald bei sich, auch dann, als er von diesem reichstage mit auftraegen des koenigs nach Clugny geschickt wurde, wo der papst verweilte.³⁰)

Allein die vertriebene abtissin Judith sammelte nun, man sagte, auf den rath jenes Dietrich, so viele ritter wie moeglich und beschloss Kemnate gewaltsam zu erobern. Wie das die Korveier dienstmannen erfahren, zogen sie dem von Korvei in Kemnate eingesetzten propst zu hilfe. Die Korveier waren bedeutend staerker, ihre gegner zerstreuten sich.³¹)

Wibald wusste die verfallene klosterzucht wiederherzustellen und die verschleuderten besitzungen wiederzugewinnen. Wir wissen dies aus verschiedenen empfehlungsschreiben, welche Wibald mit nach Rom nahm, wohin er demnaechst ging; so aus dem des koenigs

---

²⁸) Chron Corb. p 58.

²⁹) Chron. Corb. p. 59: Iterabant ergo reges hanc tradicionem per anulum; et ubicumque oportunitas exigeret, presente nihilominus apostolico et toto Romanorum majorum collegio, insuper et in unum collecto universo populo, hoc factum fixum et ratum stare debere, ac firmare posse ac velle semoto procul omni scrupulo etiam omni suo quo vitae hujus tempore carperent halitus (habitus Pertz), examinatius affirmabant; et hujus astipulationem litteris signatis tradebant.

³⁰) Chron. Corb. 59.

³¹) Chron. Corb. p. 60: Set et hoc tempore abbatissa — jam depulsa... miserabillime, qualiter tante quis nobilitatis non est auditum sic sine noxa de proprio loco exire — cum curiae Frankenvorde etiam frustra conserta fuisset, sicque has partes provincie revisit, et, ut vulgo rotatur, consilio et adjutorio ejusdem Theoderici, quoscumque poterat, milites collegit et Kimenaden ad repossidendam iro decrevit.... idcirco et conatus adversariorum cum congregatione sua dispersioni patuit.

Heinrich, des bischofs Bernhard von Hildesheim, des
herzogs Heinrich des Loewen.[32])
Der papst sollte die schenkung koenigs Konrad [33])
und die anordnungen Wibalds bestaetigen.[34])
Indessen hatte Wibald doch noch nicht alles wieder-
eingebracht, oder Judith erneuerte ihre uebergriffe; denn
nach den genannten schreiben, die ungefaehr Dezember
1147 fallen, befahl Eugen III. neben dem erzbischofe
von Bremen und dem bischofe von Minden auch dem

---

[32]) Die stellen sind einander sehr aehnlich. Die schreiben stehen
bei Jaffé, mon. Corb. p. 144—151. In dem des Hildesheimers heisst
es: reditus ac possessiones, quas ejusdem monasterii abbatissa, femina
non boni apud nos testimonii, post sui depositionem cum vanis et
superfluis hominibus dissipaverat et militibus in beneficio concesserat,
tanquam vir strenuus fere ad integrum recollegit et utilitatibus monasterii restituit; in dem des herzogs: ipsius ecclesiae predia et possessiones, que Juditha abbatissa adjutoribus et amatoribus suis post
depositionem sui plus quam 100 mansos in beneficio concesserat,
restituit.

[33]) Empfehlungsschreiben des grafen Hermann von Winsenburg
an Eugen III.: Rogamus ergo excellentiam vestram, quatinus secundum peticionem domini mei regis hanc donationem ejus vestra auctoritate confirmetis.

[34]) Empfehlungsschreiben des Hildesheimers: Huic ergo homini
... labores quos fecit in ecclesia Dei, vestra auctoritate corro-
borate. Beides zusammen in dem empfehlungsschreiben des Flech-
thorper abtes: et tam regalem munificentiam quam labores suos,
quos in restauranda divina religione inpendit, vestra auctoritate confirmetis. Derselbe vervollstaendigt die nachrichten ueber die Judith:
ut Kaminatensis abbatissa, femina et conversatione et etate juvencula,
amatoribus suis post sui depositionem de reditibus ecclesiae illius
plus quam 100 mansos in beneficio concesserit, cum ante depositionem suam pessima conversatione et irreligiosa promotione, qua
ad diversas abbatias promota et pro suis culpis amota fuerat omnes
religiosos viros nostrae terrae contra se excitaverit. Weiteres im
briefe Wibalds an den propst Tiebold von S. Severin in Koeln,
mon. Corb. p. 224, 225, wo die ganze sache auch von anfang kurz
erzaehlt wird, und im briefe Wibalds an Bernhard von Hildesheim
das. p. 246. 247.

vorgaenger Hermanns, dem bischofe Thietmar von Verden, verschiedene seiner pfarreingesessenen anzuhalten, die von ihnen unrechtmaessig Kemnate entrissenen gueter dieser kirche zurueckzustellen; sei dies binnen 40 tagen seit seiner, des bischofs, ermahnung nicht geschehen, so solle er die kanonische strafe an ihnen vollziehen. *⁵)

Welche schritte darauf hin Thietmar gethan, wissen wir nicht; es verlautet darueber weiter gar nichts. Nach seinem tode trat natuerlich Hermann als sein nachfolger ebenfalls in diesen heftigen, die groesste ausdehnung annehmenden streit ein, dem Judith neuerdings frische nahrung gab, indem sie am 7. September 1149 mit bewaffneten in die Kemnater kirche einbrach, die brueder gewaltsam vertrieb, den propst in den fluss stuerzen liess und sich in dem thurme der kirche mit ihren leuten verschanzte und mit lebensmitteln versah. Dagegen erhoben sich dann wieder die Korveier und vertrieben gewalt mit gewalt. Judith muss dann aber doch wieder mine zu einem neuen einfalle gemacht haben, da sich Wibald an koenig Konrad mit der bitte wendet, er moege ihn vor ihren unbilden schuetzen, 1149 Oktober, November. ⁸⁶)

---

³⁵) Brief Eugens III. vom 5. April 1148, Jaffé, mon. Corb. p. 157: Huguldus, Waltardus, Gerhardus et quidam alii parrochiani tui, frater Fardensis, beneficia quaedam, ut nobis suggestum est, de manu ejusdem abbatissae, nihilominus postquam deposita fuit, receperunt. Quia igitur prefata J(udith), postquam per sententiam ven. fratris nostri b m. T(homae) presb. card., tunc ap. sedis legati, a regimine Kaminatensis ecclesiae deposita fuit, nullam alienandi vel impignorandi bona ipsius ecclesiae habuit potestatem, per presencia vobis scripta mandamus, quatinus eos districtius moneatis, ut bona predictae ecclesiae, quae contra animarum salutem detinere presumunt, ei cum integritate restituant et ab ipsius infestatione desistant. Quod si infra 40 dies postquam a vobis communiti fuerint facere contempserint, canonicam de ipsis justiciam faciatis.

³⁶) Brief Wibalds an den koenig Konrad III, Jaffé, mon. Corb.

Und aus einem weitern schreiben Wibalds[37] erfahren wir, dass Judiths belfeshelfer, Dietrich von Riklinge und seine soehne noch einen einfall machten und die moenche zum zweitenmale vertrieben, dass Judith selbst nicht aufhoerte, die gueter der Kemnater kirche zu verthun, ja er muss sogar den herzog Heinrich den Loewen und die andern fuersten tadeln, dass sie solches dulden.[38]

Unter diesen fuersten sind zu nennen als Wibald abgeneigt der bischof Heinrich von Minden der erzbischof Hartwich von Bremen, Hermann von Verden, der erzbischof Arnold I. von Koeln.[39] Wibald ersuchte den papst, er moege dem Hermann von Verden schreiben, er solle zu allen guetern der Kemnater kirche, welche in seinem lande (terra) laegen, dem abt wieder verhelfen, und namentlich zu den guetern, welche Judith nach ihrer absetzung entfremdete, und die raeuber, wenn sie nicht binnen 30 tagen nach empfang des briefes sich besserten, exkommuniziren.[40]

Wir sehen, Hermann von Verden steht hier also nicht allein; es ist ein ganzer fuerstenbund, ausser Heinrich dem Loewen nur geistliche fuersten, die alle, wie es scheint, hier im trueben fischen wollen.

1150 v. Apr. 20.

n. Apr. 20.

---

p. 319. 320. Quapropter, genibus vestrae majestatis animo advoluti, clementiam vestram humiliter inploramus, ut... nos ab his injuriis defensare ac protegere dignemini.

[37] An herzog Heinrich den Loewen, 1150 vor April 20. Jaffé, mon Corb p. 370.

[38] Das: immo satis miramur tuam et aliorum principum prudentiam, cur talem feminam bonam, quae ad servitium Dei ecclesiae collata sunt, cum vanis hominibus disperdere et dissipare permittitis.

[39] S Jaffé, mon Corb. n. 251, p 375, 376. So folgen sie.

[40] So a a. o s. 376. die weisung an den Bremer erzbischof. Dann folgt: Item petit, ut in eundem modum scribatur H (ermanno) Ferdensi episcopo. Brief von 1150 nach April 20.

1150
Juni 24.

Es ist nun auffallend, dass Eugen III. in dem briefe, den er am 24. Juni 1150 von Alba an Wibald schrieb, [41]) diesem mittheilt, er habe dem Mindener bischofe und dem Bremer erzbischofe nach seinem wunsche geschrieben, dem Koelner aber desshalb nicht, weil er ihn nicht mit voller amtsgewalt entlassen habe, dann aber von Hermann von Verden ganz schweigt. Die beiden erstern briefe finden sich auch wirklich vor, [42]) geschrieben gegen den 24. Juni 1150, an den Koelner und Verdener aber keiner; ferner schreibt Eugen III. am 9. Jænner 1152 in aehnlicher weise an Hartwich von Bremen, an Heinrich von Mainz, Konrad von Worms, Bernhard von Paderborn, Hermann von Utrecht, Ulrich von Halberstadt, Heinrich den Loewen, Heinrich von Minden, sie sollten Wibald zu seinem rechte verhelfen, jetzt auch an Hermann von Verden in diesem sinne, saemmtliche schreiben aus Segni vom 9. Jænner 1152. [43]) In diesem schreiben an Hermann sagt der papst, er habe erfahren, dass Hermanns eigener bruder Hungold, was ihn sehr wunder nehme, und verschiedene andere pfarreingesessene die gueter Kemnates mit gewalt raubten und an sich hielten. Da nun Korvei unter seinem besondern schutze steho, so befehle er ihm, seinen bruder und die andern betreffenden streng aufzufordern, der genannten kirche das geraubte zurueckzugeben und von ihrer verfolgung abzulassen. Wenn sie seinen ermahnungen nicht folgen wollten, so solle er an ihnen die gebuehrende strafe vollziehen. [44])

1152
Jænner 9.

---

[41]) Jaffé, mon. Corb. p. 397, 398.

[42]) Das p. 398, 399.

[43]) Das. p. 485—490, so geordnet. Jaffé, reg. n. 6610, Erhard reg. Westf. n. 1769. Martène et Durand, ampl. coll. 2, 508. Orig. Guelf. 2, 549; 3, 23; s. Wedekind noten 1, 115.

[44]) Wir geben die urkunde in der beilage nach Jaffé, mon.

Aber auch in seinem eigenen sprengel scheint Hermann ruecksichtslos und vielleicht wenig gerecht verfahren zu sein; wenigstens verwandte sich wieder Wibald fuer den von ihm vertriebenen abt Siegfried von Ulsen [45]) an den papst, 1152. [46]) In diesem briefe heisst es, dass der abt Siegfried, der ueberbringer desselben (er war also genoethigt, in Rom selbst seine sache zu betreiben) bereits laenger als 12 jahre mit eifer und erfolg seinem kloster vorgestanden habe, und auch die zeitlichen gueter desselben hætten sich vermehrt. [47]) Diesen vertrieb Hermann, der bischof von Verden, in dessen pfarre das kloster liegt, ohne vorladung, ohne verhoer, ohne ihn zu ueberfuehren und ohne dass er gestand, aus seiner abtei und beraubte ihn aller sachen seines klosters bereits ein jahr lang. [48])

Desshalb nicht blos von Wibald, sondern auch von den aebten fast des ganzen Sachsenlandes haeufig und amtlich ermahnt, wollte er doch weder den

1152

Corb. n. 359 p. 489 Cod. Wibald. 336. Der schluss dieses briefes unterscheidet sich von dem der anderen dadurch, dass hier keine zeit fest angegeben wird, binnen welcher die betreffenden sich bessern sollten, und dass es hier nicht justicia canonica sondern debita heisst.

[45]) Ulsen, Uelzen, Ulleshem, Oldenstadt, suedlich Lueneburg.

[46]) S. Janssen, Wibald, bei den briefen Wibalds, n. 401. Diesen von Janssen zwischen 1148—1153 gesetzten brief bestimmt Jaffé, mon Corb. p. 524, genauer als zum jahre 1152 gehoerig. — Erhard, C. D. Westf. 2, 66 n 243.

[47]) Jaffé, mon Corb. n. 393 p. 524: ita, ut testimonium haberet ab his etiam, qui foris sunt.

[48]) Das.: sine vocatione, sine audientia, non convictum, non confessum, de abbatia sua expolit et omnibus monasterii rebus plus quam per anni spacium jam spoliavit. Dann brief Wibalda an den abb. de Monte, das. p. 525: quod sine vocatione, sine judicio, sine audientia, sine proprii oris confessione, dignitate et rebus abbatiae suae p'ivatus est.

abt wiederherstellen noch gegen ihn nach kanonischem rechte verfahren.⁴⁹)

Und um die schmach vollstaendig zu machen, so fuehrte er einige schlechte moenche, welche der genannte abt wegen ihres ungebundenen lebenswandels aus dem kloster verstossen hatte, in jene kirche zurueck, und alles, was auch immer jene Gottlosen in ihrem zorne und ihrem rachedurst gegen den guten namen des abtes ausdenken konnten, das zeichnete er auf und verbreitete es weiter.⁵⁰)

Wibald und alle brueder bitten daher den papst, er moege diesen zu ihm kommenden, durchaus ehrenhaften und wissenschaftlich gebildeten mann guetig aufnehmen, ihn in seiner noth erhoeren und ihn in seine volle wuerde wieder einsetzen durch einen eigenen brief und befehl.⁵¹)

Dem abte von Bergen dankte Wibald in einem schreiben von 1152 fuer die freundliche aufnahme, die er dem verlassenen gewaehrt und empfiehlt ihn weiter dem abte von Hujusburg.⁵²)

---

⁴⁹) Das. Pro qua re non solum a nobis, verum etiam a reverendis confratribus nostris, totius fere Saxoniae abbatibus, frequenter et officiose communitus, nec restituer nec ordine canonico tractare ipsum confratrum voluit. Dann brief Wibalds an den abb. de Monte, das: neque per nostram supplicationem aut Corbeiensis ecclesiae seu alicujus ordinis aut dignitatis intercessionem post hoc factum obtinere potuit, ut in juditium vocaretur et causa ejus canonico ordine tractaretur.

⁵⁰) Das. Wir fuehrten die stelle schon oben s. 5. anm. 9. an.

⁵¹) Das. Pedibus itaque vestrae celsitudinis animo advoluti cum universis fratribus nostris, supplices preces effundimus, ut venientem ad vestram clementiam predictum abbatem, virum utique honestum et litteratum, in mansuetudine bonitatis vestrae suscipiatis et, exauditum in necessitate sua, in plenitudine dignitatis suae litteris et mandatis auctoritatis vestrae per aliquem fidelem legatum vestrum restituatis.

⁵²) Das. p. 525, 526.

Den endlichen verlauf der Kemnater wie der Ulsener sache kennen wir nicht, doch hat Hermann jedenfalls bald den papst zufriedengestellt, da er bereits am 6. Februar des jahres 1153 die Verdener kirche in schutz nimmt.⁵³) Ja, vielleicht schon in der ersten haelfte des vorigen jahres 1152, war zwischen Wibald und Hermann ein gutes einvernehmen hergestellt, da Hermann am 18. Mai 1152 als zeuge in urkunde Friedrichs fuer Korvei erscheint,⁵⁴) obwohl der streit mit Folkwin und Widukind von Schwalenberg noch fortdauerte.⁵⁵) Widukind hatte noch 1157 Wibald nicht genug gethan, Folkwin aber erscheint damals mit ihm versoehnt.⁵⁶)

Bei Friedrich I. treffen wir Hermann auch 1154 in der urkunde als zeugen, in welcher an herzog Heinrich den Loewen und seine nachkommen vom koenige die investitur der nordelbischen bisthuemer Oldenburg, Meklenburg und Ratzeburg uebertragen wird.⁵⁷) Das geschah im April zu Goslar.

---

⁵³) Jaffé, reg. pont. n. 6708. Schreiben aus Rom. Jaffé empfiehlt VIII Id. Febr. statt Januar zu lesen. Dagegen hat v. Hodenberg Verd. G. Q. nicht nur Jænner 6, sondern auch das offenbar unrichtige, nicht ins itinerar des papstes gehoerige jahr 1152.
⁵⁴) Janssen, reg. Wibald. n. 180. Erhard, C. D. Westf. 2, 64—66 nach dem orig. Schaten, ann. Paderb. 1, 551. Marlène et Durand 2, 613; Ludew. rel. 2, 186. Mekl. U B. 1, 45. n. 53. Boehmer, reg n. 2305 als ohne tag. Fehlt bei Prutz, reg. Heinrichs d. L.
⁵⁵) Jaffé, mon. Corb. n. 384. p. 515. 516.
⁵⁶) Brief Heinrichs des Loewen an kaiser Friedrich, Jaffé, mon. Corb. n. 462, p. 595.
⁵⁷) Lappenberg, Hamburger U. B. 1, 189 n. 205. Er steht als ep. Fardensis Herimannus nach Wichmann von Magdeburg, Bruno von Hildesheim, vor Wicher von Brandenburg, Bertold, erw. von Zeitz (vielmehr Naumburg) Wibald von Korvei. Der ausstellungsort der urkunde fehlt ganz; ebenso die zeit. Die urkunde vollstaendig Mekl. U. B. 1, 46—48 n. 56, wo auch der beweis fuer zeit und ort

Tourtual, Hermann von Verden.

Aus dieser zeugenschaft ersehen wir, dass Hermann bereits jetzt beginnt, an den wichtigsten reichsangelegenheiten theil zu nehmen.

1155 Aus dem folgenden jahre 1155 haben wir wohl nur eine schenkung des bischofs an seine kirche ueberliefert bekommen. 58) In demselben briefe beurkundet er einen vertrag zwischen den domherrn und dem dompropste Bernhard in betreff der aufkuenfte aus einem hofe in Hanstedt. Da dies fast das einzige schriftstueck ist, welches wir unseres wissens von Hermann besitzen, so geben wir es unten als beilage vollstaendig. Es ist zu bedauern, dass uns von Hermann wie von seinem freunde Daniel von Prag nur so wenig, von letzterem nur ein schriftstueck erhalten ist; von einem briefwechsel keine spur mehr.

1157 Juni 23. Im jahre 1157 finden wir dann Hermann am 23. Juni zu Goslar beim kaiser als zeugen. 59)

In der anmerkung gefuehrt ist. Die urkunde ist sonst noch gedruckt bei Luenig, spicil. eccl. II. anh. p. 150. Schroeder, Wismar. erstl. s. 37. und daraus Franck, altes und neues Meckl. 2, 28. Ungnade, amoenit tes dipl. hist. jur. p. 122. V. Westphalen, mon. ined. 2, 2020. Diplom. Raceb. Harenberg, hist. eccl. Gandersh. p. 329. Rehtmeier Braunschw.-Lueneb. chron. s. 317. Beschreibung der stadt Goettingen 3, 284. V. Behr, rer. Meckl. p. 118. Hist. nachricht vom fuerstenth. Schwerin s. 5. Weder Fechner, Wichmann von Magdeburg (in den forschungen zur Deutschen geschichte, Goettingen 1865 V, 3, 549) noch Prutz in seinen regesten Heinrichs des Loewen fuehren diese urkunde an. Und doch ist Wichmann 1. zeuge. 1154 April 1 war Wichmann zu Naumburg (Fechner s. 549, reg. n. 11); Heinrich der Loewe ist in den urkunden Friedrichs vom 3. Februar und 3. Mai zeuge (Prutz, reg n. 36 37. s. 455). Die wichtige urkunde fehlt auch bei Bochmer, reg.

58) Hermann schenkt seiner kirche die haelfte des Hasselwerdener zehnten. Chron ep. Verd ap. Leibniz, SS. rr. Brunsvic. 2, 217; v. Hodenberg Verd. G. Q 2, 42 n. 21. Hasselwerder im kirchspiel Neuenfelde grossgerichts Altenlandes, a. o. Stade. Hanstedt ist ein kirchdorf im amte Winsen a/Luhe n. w. Bardewick.

59) U. B des hist. vereins fuer Niedersachsen, 2. heft: die Wal-

Inzwischen muss Hermanns ansehen beim kaiser sehr gestiegen sein, denn am 3. August 1157 finden wir ihn bei Halle a/S. als zeugen in kais. urkunde⁶⁰) allen anderen bischoefen vorstehend, sogar dem so einflussreichen⁶¹) Eberhard von Bamberg; er folgt unmittelbar auf die erzbischoefe Wichmann von Magdeburg und Hartwich von Bremen. Nach ihm stehen Eberhard von Bamberg, Johann von Merseburg, Gerung von Meissen, Gebhard von Wirzburg, Bruno von Hildesheim, (Markward von Fulda). Von Halle aus machte Hermann wohl den feldzug nach Polen mit.⁶²) 1158 Mai 21. stellt Hermann zu Verden eine urkunde aus, in der er die einkuenfte der domherren und des propstes zu Bardewiek ordnet, deren datirung zugleich ein gewichtiges zeugniss dafuer ist, dass er Heinrichs d. L. herzogsgewalt anerkannte.⁶³) Welchen charakter freilich Heinrichs herzogsgewalt im bisthume Verden getragen, darueber mangeln alle nachrichten. Ob Heinrich, wie herzog Liuder, die vogtei des stiftes inne gehabt, ist nicht ersichtlich, es moechte aber dafuer der nicht

1157 Aug 3.

1158 Mai 21.

kenrieder urkunden : 1, 16. Hermann steht nach dem bischofe Bruno von Hildesheim. Von bischoefen erscheint sonst keiner mehr als zeuge. Fehlt bei Boehmer, reg.
⁶⁰) Stumpf, acta Maguntina sec XII. Innsbruck 1863, n. 61. s. 62, 63, (nicht zu verwechseln mit einer gefaelschten urkunde desselben datums, s. daselbst p XLI, XLII); vgl. Raumer, reg. Brandenburg. n. 1245. Fehlt bei Boehmer, reg.
⁶¹) S. Tourtual, Mailaenderkrieg s. 41, 42.
⁶²) Man kam auf dems. bis Kreyskowo bei Posen. Jaffé, mon. Corb. p. 601, 602. Vgl. Rag u. Vinc. Prag.
⁶³) Es heisst da naemlich: Hinrico juniore tam Saxoniæ quam Bauariæ ducatum tenente. Orig. Guelf 3, 477. Data Verdæ 12. Cal. Jun. a. 1158. Ind. VI. d. Adriano s. R. sedis beatissimo antistite. Imperatore F. Romani imperii habenas flectente. Hinrico etc. Pfeffinger, historie des Braunschweig-Luenb. hauses 2, 947. Schluepken, chron. Bard. p. 186.

2*

**1158
Mai 21.**
seltene aufenthalt desselben zu Verden sprechen. [64)]
Bei dem genannten akte hatte Hermann eine ansehnliche versammlung um sich: die urkunde bezeugen Gotschalk, abt von Lueneburg, Bruening, abt von Ulsen (Oldenstadt s. Lueneburg) wohl der nachfolger des von Hermann vertriebenen Siegfried, [65)] von Verdenern der propst Bernhard, der domherr Hugo, wohl der spaetere bischof, Hermanns nachfolger, der propst Konrad von Bardewiek, der dechant Albert, der kuester Wigand, Bruno, Konrad, der vorsteher der schule, der graf Wolrad, der vogt der kirche, der abt von Ratzeburg, der vogt Hugold, der vogt Wasmod, dann buerger von Bardewiek. Diese zeugenreihe erregt unsere aufmerksamkeit auch namentlich durch ihre eigenthuemliche anordnung. [66)] 1158 ist Hermann, vielleicht im Juni,

---

[64)] So Weiland, das Saechsische herzogthum unter Lothar und Heinrich dem Loewen. Greifswald 1866. S. 127, indem er anfuehrt Orig. Guelf. 3, 492. Erhard II. n. 348, Lappenberg n. 235. Wedekind Noten 3, 179.
[65)] S. oben zum jahre 1152, s. 15.
[66)] Wir geben sie hier vollstaendig, mit abkuerzung der schon genannten namen: abb. Luneb. G. abb. Ullecensis Brunchius; de domo Verdensi: B. prep. H. canon. item C. prep. Bardov. A. decanus, V. custos, Bruno, Conradus scole mag. Thidewigus, Henricus, Borchardus, item comes Wolradus, wohl der von Dannenberg, [vgl. Mekl. U. B. 1, 69. n. 74. a. 1162 unter den zeugen: Vollaradi de Dannenb(erg); das. n. 75 (Vol)radus de Dan(n)enberch, n. 78 Volradus d. Tannenberg etc.] ejusdem ecclesie advocatus, item N. abb. de Razeborch, Hugoldus (von Hermannesb. vgl Mekl. U. B. das. s. 70. ob.) advocatus, Wasmodus adv., Hinricus, item concives Bardovicenses. Es macht sich hier ganz entschieden eine anordnung nicht nach dem range bloss, sondern auch eine oertliche geltend, bei der dann die aus demselben orte wieder nach dem range aufgefuehrt werden; dabei faellt auf, dass die proepste von Verden und Bardewiek dem abte von Ratzeburg vorgehen, vielleicht darum, weil Hermann mit dem bischofe von Ratzeburg streit hatte;

nachdem Heinrich der Loewe von seinem zuge gegen die Slaven heimgekehrt war, zu Luencburg zeuge in der urkunde Heinrichs des Loewen, in welcher der herzog das bisthum Ratzeburg ausstattet. [67]

1158 Juni.

Aus dieser urkunde ersehen wir, dass Hermann mit dem bischofe von Ratzeburg und vielleicht auch; mit Heinrich dem Loewen wegen der sprengelgrenzen in streit gerathen war; er erhielt jetzt als abfindung Gorgerswerder und Reinerswerder, [68] womit er sich zufrieden gab, indem er dieser urkunde auch seinen bann beifuegte, wie die 3 anderen bischoefe, Evermod von Ratzeburg, Gerold von Luebek und Berno von Schwerin dies thaten. [69]

---

s. s. 21. anm. 68 Umgekehrt steht der Verdener vogt Konrad ganz zuletzt in urk. Heinrichs d. L. 1162 fuer Ratzeburg, Mekl U. B. 1, 70 n. 74, nicht aber in der zweiten ausfertigung, das. s. 70.

[67] Nach dem originale im Ratzeburger archive zu Neu-Strelitz gedr. im Mekl. U. B. 1, 56 — 60 als n. 65, mit kritischer eroerterung ueber ihre echtheit s. 60 — 62 und facsimile. Sonst, aber ueberall mehr oder weniger fehlerhaft, bei v. Westphalen mon. ind. 2, 2030. Schroeder papist. Meckl. 1, 364. Franck a. u. n. Meckl. 2, 243. Kluever Meckl. 1, 350. Gruendl. nachricht von Moellen, beil. 21. Orig. Guelf. III. præf. p. 44. Ludewig reliq. 6, 233. Pfeffinger, Braunschw. Lueneb. 2, 673 Lappenberg Hamb. U. B. 1, 199; v. Hodenberg Luench. U. B. VII, 1 s. 16.

[68] Es heisst in der urkunde: Quoniam enim prudenter et strennue huic sedi presidet (Evermodus) et cum suis fratribus religiosis secundum regulam b. Augustini canonicis die noctuque ferventer Christo militat in Raceburg, sedem episcopatus ei suisque successoribus ex auctoritate imperatoria in perpetuum designamus et terminos ejus circumquaque, sicut in antiquis annalibus vel privilegiis Hammenburgensis ecclesie reperiuntur olim fuisse designati, protendimus et ab omni querimonia Verdensis, collatis ei dignis recompensationibus, vid. G. et R., terminos Raceburgenses liberos reddidimus.

[69] Hermann steht nach ihnen: qui factum nostrum banno suo roboraverunt.

Bis dahin aber, muessen wir sagen, sind es nur ganz vereinzelte bruchstuecke gewesen, die uns aus Hermanns leben ueberliefert sind; dies aendert sich in gluecklicher weise beim beginne des Mailaenderkrieges 1158, an dem Hermann hervorragenden antheil nahm.

Dass bischof Hermann den kaiser auf seinem zuge nach Italien in diesem jahre begleitete, meldet der kaiserliche geschichtsschreiber Ragewin selbst,[70] der fortsetzer des beruehmten Otto von Freising. Wo er sich ihm angeschlossen hat, wissen wir nicht. Am 6. Juli kam der kaiser, nachdem er durch das Etschthal gezogen, nach Verona,[71] urkundet am 10. und 11. in dessen umgegend,[72] zwingt Brescia zur uebergabe und steht am 23. Juli an der Adda.[73] Dass bischof Hermann hier ueberall um ihn war, ist nicht zu bezweifeln, ebensowenig, dass er bei dem nun folgenden Addauebergang zugegen gewesen, der allein das werk der tapferen Boehmen war.[74] Er wird dann auch die eroberung Trezzos, der so wichtigen Addafeste, mitgemacht haben, mit dem kaiser alsdann nach Lodi gezogen sein; hier schlug der kaiser sein lager zu beiden seiten des Lambro von Kassirago bis nach Salariano am rechten bis in den truemmerhaufen Lodi am linken ufer des Lambro. Hier wird Hermann an der fuerstenberathung betreffs des verfahrens gegen Mailand theil genommen haben und bei der bannung der Mailaender zugegen gewesen sein, welche am 4. August 1158 erfolgte.[75]

---

[70] Rag. 1, 25.
[71] Ann. Mediol. maj. SS. 18, 365.
[72] Tourtual, M. K. s. 17, anm. 35 a.
[73] Daselbst.
[74] Daselbst, s 20—26.
[75] Daselbst s. 28, 29.

Dann erfolgte am andern tage der aufbruch gegen Mailand; man rueckte bis dicht vor die stadt auf dem wege, der ueber S. Donato fuehrt und auf beiden seiten des weges mitten durch die felder bis Cassino Thomacli unter grossen verwuestungen. Hermann erscheint in einer kaiserlichen urkunde fuer den kardinal Oktavian (den baldigen gegenpapst Viktor IV.) und seine brueder Otto, Gotfried und Soliman, ausgestellt bei Pavia bei der verwuestung des Mailaendischen.[76]

Aug 5.

Dass Hermann an der nun folgenden belagerung Mailands antheil nahm, meldet Vincenz von Prag, der augenzeuge, ausdruecklich.[77] Es ist bemerkenswerth, dass auch er hier den Hermann zuerst von allen bischoefen nennt, sogar vor seinem eigenen und dem erzbischofe von Trier. Die uebrigen, denen er vorangeht, sind die von Regensburg, Wirzburg, Zeitz (vielmehr Naumburg), Worms, Luettich, Metz, Kammerich, Strassburg, Augsburg, Chur.[78]

1158 Aug. 6.

Bald aber trat ein ereigniss ein, welches bischof Hermann die hohe gunst des kaisers deutlich bekundete. Am 12. August bereits starb erzbischof Anselm von Ravenna, der fruehere bischof von Havelberg, im lager vor Mailand.[79] Bei der grossen bedeutung Ravennas fuer die gestaltung der verhaeltnisse in Oberitalien musste dem kaiser natuerlich alles daran liegen, hier im nach-

Aug. 12.

---

[76] In devastatione Mediolani apud Ticinum, bei Gamurrini, familie nobili Toscane ed Umbre. 2, 306. Schlechter abdruck. Fehlt bei Boehmer, reg.

[77] SS. 17, 673. Tauschinski p. 118; s. anm. 79.

[78] S. M. K s. 13, anm. 27.

[79] Reg. 2, 14. Vinc. SS. 17, 674. Nicht am 3. September, wie Tauschinski und Pangerl in ihrer ausgabe des Vincenz wollen, fontes rerum Austriacarum, herausgegeben von der historischen commission der kaiserlichen akademie der wissenschaften in Wien. 1. abtheilung SS. V. 120.

folger auf dem erzbischoeflichen stuhle einen ihm ebenso
ergebenen mann zu bekommen, wie Anselm war, dessen
ploetzlicher tod allgemein fuer eine Goettliche strafe gehalten wurde, weil er den kaiser besonders zur belagerung Mailands angetrieben habe.[80])

Der kaiser schickte als seinen gesandten bei der
neuwahl unsern bischof. Sie fiel auf Guido, grafen von
Biandrate.[81])

Da die grafen von Biandrate zu den ersten anhaeng-
ern des kaisers in Italien zachlten, so scheint Hermann
seinen auftrag im sinne seines hohen gebers gut aus-
gefuehrt zu haben. Allein der papst bestaetigte, obschon,
bei derselben durch seinen gesandten, den kardinal
Hyancinth, vertreten, die wahl nicht, wohl darum, weil
sie doch unter ueberwiegendem einfluss des kaisers vollzogen war; der bischof von Vercelli, der gesandte des
kaisers an den papst, konnte die bestaetigung der wahl
durch denselben nicht erhalten, er musste unverrichteter
sache wieder umkehren. Da erhielt Hermann vom kaiser
ein neues zeichen seines vertrauens, indem nun er von
ihm nach Rom gesandt wurde, um die bestaetigung
dieser wahl vom papste zu erwirken.[82]) Dass diese
gesandtschaft wahrscheinlich zwischen den 12. August
und den 11. November dieses jahres 1158 zu setzen

1158
Aug. 12—
Nov. 11.

---

[80]) Vinc. SS 17, 674: Per omnes exercitus sonat, quod deus
ideo eum percusserit, quod Mediolanum obsidere imperatori dederat
consilium.

[81]) Rag. 2, 15. (Die grafschaft Biandrate zieht sich in einer
halbkreisaehnlichen biegung um den lago maggiore): quem loco An-
selmi princeps in Ravennate ecclesia subrogari fecerat; 2, 16: divina favente clementia, in electione illius personæ concorditer et
voluntarie universa Ravennas convenit ecclesia, praesentibus viris
honestissimis, legato nostro et vestro, hinc Jacintho cardinali, inde
Hermanno Verdensi episcopo.

[82]) Rag 2, 16.

sei, glauben wir an anderem orte bereits gezeigt zu haben.[83])

Allein auch Hermann konnte nichts ausrichten. In dem paepstlichen schreiben, das er dem kaiser ueberbrachte und das uns noch erhalten ist, heisst es in feiner wendung, er, der papst, wuensche den Guido von Biandrate, der subdiakon der h. Roemischen kirche sei, bei sich zu behalten. Denn es ist passender, sagt der papst, dass der, welcher ein sohn und geistlicher der Roemischen kirche ist, ihren schooss nicht verlasse und dass sie selbst ihn, bei sich behaltend, zu hoeheren wuerden befoerdere. Denn sie pflegt maenner, die sich durch ihre sitten und kenntnisse auszeichnen und durch ihre edle abkunft, an sich heranzuziehen und von anderen orten zuzulassen; aber nicht gern beraubt sie sich solcher.[84])

Diese abschlaegliche antwort des papstes leitete die spannung zwischen dem Roemischen hofe und dem kaiser ein, die spaeter, durch mehre andere umstaende noch gesteigert, endlich zum schisma fuchrte, in welchem Hermann eine so hervorragende rolle spielen sollte.

Wir finden ihn dann auf dem Ronkalischen reichstage November 11 — 25. anwesend.[85]) Da hier aber seine thaetigkeit nicht besonders hervortritt, so kann

---

[83]) Tourtual, schisma s. 198 anm 293.

[84]) Rag 2, 17: Convenientius siquidem est, ut qui filius et clericus est Romanæ ecclesiæ, ab ejus gremio non recedat, et ipsa ei circa se locum dignitatis conferens eidem inde provideat altiora. Ipsa etenim viros et moribus et scientia adornatos, præditos honestate et sanguinis nobilitate præclaros, ad se libenter evocat, et eos aliunde consuevit admittere, non se talibus, cum ipsos in gremio suo habeat, facile spoliare.

[85]) Rag. 2, 3. Genannt nach Bamberg, Eichstaedt, Prag und Wirzburg.

1158
Novb.
11—25.

ein verweilen bei den verhandlungen dieses reichstages um so weniger hier in unserer absicht liegen, als wir bereits an anderer stelle dieselben ausfuehrlicher besprochen haben.[86]) Es sei hier nur erwaehnt, dass auch Hermanns freund, Daniel von Prag, dann ihr spaeterer schismatischer genosse Garsidonius von Mantua und der paepstliche gesandte, der kardinaldiakon Guido von Krema, der spaetere gegenpapst Paschal III. hier anwesend waren.[87])

Fuer uns kommt hier nur in betracht die ordnung der verfassungsverhaeltnisse in den Lombardischen staedten. Denn nur Mailands verhaeltniss zu kaiser und reich war bei der uebergabe der stadt (1158 September 8) geordnet, nicht das der uebrigen staedte. Der kaiser wandte sich nun an die Mailaender und fragte diese, wie er sich der treue der Lombardischen staedte versichern koenne. Diese gaben ihm den rath, durch seine abgesandte in denselben seine getreuen als podestas einzusetzen; dieser vorschlag ward vom kaiser angenommen.[88])

Novb
29, 30.

Am 25. November wurde der Ronkalische reichstag geschlossen, aber noch am 29. und 30. ist der kaiser in der nache Ronkalias bei Piacenza, und auch Hermann tritt als zeuge in kaiserlicher urkunde auf.[89])

Von da eilte der kaiser in den westen der Lombardei und bischof Hermann begleitete ihn ohne zweifel.

---

[86]) M. K. s. 59—68.
[87]) Daselbst s. 59.
[88]) Vinc. SS. 17, 375 Tausch. p. 123. Zur erklaerung der stelle s. M. K. s. 66, 67 anm. 138 a.
[89]) In plano Grayniano juxta Placentiam; kaiserliche urkunde fuer Siena. Archiv der ges. fuer aelt. Deutsche geschichtkunde, 5, 328. Boehmer reg. n. 2409. 1158 Novb. 29. Hermann steht nach Bamberg und Wirzburg, vor Prag. — In der andern am 30. November ausgestellten urkunde ist Hermann nicht zeuge.

Schon am 3. Dezember finden wir Friedrich zu Voghera,[90] in Pavia, Piacenza, Kremona und Lodi setzte er podestas ein und nahm dazu buerger dieser staedte.[91] Dann kam er nach Asti und ins Montferratsche, zu Alba feierte er Weihnachten.[92] Alle diese orte koennen als orte des itinerars Hermanns angesehen werden.

1158
Dez. 3.

Dez. 25.

Denn gleich nach Weihnachten wird Hermann mit mehren andern als gesandter des kaisers in Lombardische staedte geschickt. Mit ihnen ging er nach Pavia, Piacenza, Kremona und Lodi, wohl auch nach Krema; ueberall wurden kaiserliche podestas eingesetzt.[93] In Krema ging es den kaiserlichen gesandten schlecht; die Kremesen stuerzen, wuethend ueber ihre zumuthung, auf sie los und haetten sie fast getoedtet; nur mit muehe entflohen sie und verbargen sich; es blieb ihnen nur die klage beim kaiser uebrig.[94] Ganz aehnlich ging es in Mailand. Nicht sobald erfuhr der gemeine haufe die forderung der gesandten, so rottete er sich unter wildem geschrei zusammen: Nieder mit ihnen! rief alles. Die raedelsfuehrer waren Martinonus Malaopera, Azo

1159
Jænner. anf.

---

[90] Urkunde ausgestellt in Vigueria. Villanova, hist. Laud. I. II in. Boehmer, reg. n. 2411.
[91] Ausfuehrlicher dargestellt M. K. s. 68.
[92] Die beweise daselbst s. 69. anm. 145—147.
[93] Vinc. SS. 17, 675, 676. (Ausfuehrlicher M. K. s. 70, 71): His ita peractis consilii Mediolanensium non immemor, pro ponendis suis potestatibus per civitates Lonbardie suos dirigit nuntios, videlicet .... Ermannum Verdenensem episcopum virum sapientissimum. Jeder bekam ein regalienverzeichniss mit, s. Rag nach dem Ronkalischen reichstage: De principibus quoque ad ordinandos in civitatibus consules seu potestates alium alio dimittit, adjunctis eis cartulariis, qui de regalibus quæ fisco accesserant (vgl. Gotfried von Viterbo, carmen v. 376—384) certam summam et plenam notitiam reportarent. Tausch. p. 123.
[94] S. M. K. s. 71, 72.

1159 Bultrafus, Castellus de Ermenulfis. Aber die gesandten
Jænner verloren den kopf nicht. Sie verrammeln fest die thueren (sie befanden sich im kloster des h. Ambrosius), bald aber flogen steine durch die fenster. Einer der gesandten, der pfalzgraf Otto von Wittelsbach, floh unter dem schutze der nacht, aber Reinald von Koeln und auch wohl jedenfalls unser bischof hielten stand. Am anderen morgen erschienen die konsuln und eine sehr grosse anzahl ritter vor den schwer beleidigten; die konsuln entschuldigten das volk und bezeugten, der heftige auftritt sei ohne ihren willen geschehen; die ritter versprachen dem kaiser und den gesandten gehorsam, die konsuln beschworen die gesandten, sie moechten den vorfall doch dem kaiser nicht berichten und suchten sie durch grosse geldgaben zu bestechen. Die gesandten antworteten beruhigend, kaum den gewaltigen zorn bemeisternd. Aber in der nacht darauf floh jeder von ihnen, wie er konnte, zum kaiser und beklagte sich ueber die schmach.[95]

Der kaiser hatte sich von Alba aus nach nordwesten
Jænner 12 gewandt, war am 12. Jænner zu Turin,[96] und zog dann in das gebiet von Vercelli, wo Hermann wieder als

---

[95] Die beweisstellen s. M. K. s. 72—76. Hermann war wohl wie Reinald von Koeln am 12. Jænner dieses jahres (1159) wieder beim kaiser bei Turin, nicht bei Pavia, wie Boehmer reg. n. 2412 und Ficker, Reinald, reg. n. 61 haben, s. Tourtual, 4 nachtraege zum M. K. Münster 1866 s. 196—198. Zugleich berichtigen wir die daselbst s. 197 unten gemachte bemerkung dahin, dass anm. 152 keiner aenderung bedarf.. Die vermuthung Wuestenfelds: ap. Taurinum statt ap. Ticinum bestaetigt ein neuer abdruck der urk. in den miscell. di stor. italiana, Torino 1862, 1, 301. Guetige mittheilung des h. dr. Cohn.

[96] S anm. 95.

zeuge bei ihm erscheint.[97]) Am 1. Februar ist er bei Occimiano im Vercellinischen.[98]) 1159 Febr. 1.

Am 2. hielt der kaiser hier einen feierlichen hoftag,[99]) auf welchem er sich vor den fuersten ueber die seinen gesandten und ihm angethane schmach beklagt. Hermanns anwesenheit auf demselben wird ausdruecklich bezeugt.[100]) Febr. 2.

Die fuersten beschliessen, die Mailaender zur verantwortung ziehen zu lassen; sie werden vorgeladen, erscheinen auch und versprechen dem kaiser volle genugthuung; der termin dafuer wird auf 8 tage nach Ostern, auf den 19. April festgesetzt, den kaiserlichen staedten schworen sie frieden.

Der kaiser zog nun nach Marengo, wo er laengere zeit verweilte;[101]) am 18. Februar erscheint hier wieder Hermann als zeuge bei ihm.[102]) Febr. 18.

---

[97]) In kais. urk. fuer die kanoniker S. Alexand. zu Bergamo. Lup., C. D. Bergom. 2, 1165. Hermann steht vor Gerhard von Bergamo, aber nach Eberhard von Bamberg, Anselm von Asti, Uguccio von Vercelli; ueber die sonderbare anordnung und verderbniss der urkunde s. Tourtual, schisma s. 224 anm. 338 c. Die urkunde fehlt bei Boehmer reg, so wie eine andere, ebenfalls vom kaiser im gebiete von Vercelli ausgestellte, fuer die abtei Staffarda zu Turin, bei Chiesa (= Ab Ecclesia), hist. eccl. Pedemontana p. 278.

[98]) Kaiserliche urkunde, ausgestellt in territ. Vercell. ap. castrum Auccimianum fuer Gregor, propst von Kasale (n. w. Alessandria). Conti, storia di Casale, 1, 340. Spruner verzeichnet Occimiano im Montferratschen.

[99]) S. den beweis M. K. s. 77 anm. 174 b; s. 78 anm. 178.

[100]) Rag. 2, 23. Vor ihm angefuehrt Bamberg, Eichstaedt, Freising, nach ihm Prag.

[101]) S. M. K. s. 78.

[102]) Urkunde fuer die Freisinger kirche, Verci, Ecelini 3, 37, (in der aeltesten ausgabe 1, 353 falsch zum 11. Februar im text). Datur instrumentum ecclesiae Frisingensi in praesentia imperatoris. Bei Meichelbeck, hist. Frising. 1, 353 nach Dobner, ann. Hajec. 6, 400 n. a. Fehlt bei Boehmer.

Dann aber verliess der kaiser diese beobachtende stellung zwischen Mailand und Genua; das heer zog nach der maritima auf Bologna zu, waehrend der kaiser selbst zunaechst sich nach Komo begab, von da ins gebiet von Reggio, von da sich nach Kremona wandte, auf dem wege dahin aber nach Lodi abbog, welche stadt er, wie Komo, stark befestigte. Hier in Lodi blieb er wieder laengere zeit. [103]) Ob bischof Hermann bei dieser rundreise oder in Lodi in der umgebung des kaisers war oder wo er sonst zu suchen ist, laesst sich nicht sagen. So viel aber scheint wahrscheinlich, dass er Ostern dieses jahres mit dem kaiser zu Modena feierte. [104]) Betreffs des zuges gegen Trezzo [105]) herrscht dann aber wieder, was Hermanns theilnahme betrifft, voellige ungewissheit.

Durch die unternehmung gegen Trezzo hatte Mailand den frieden gebrochen; [106]) der krieg mit der uebermuethigen stadt begann nun aufs neue mit groesserer erbitterung. Friedrich bannte sie zu Bologna am 16. April. [107])

Der kaiser eilte dann nach Lodi, ertheilte befehle zu umfassenden ruestungen gegen Mailand an alle Lombarden und kehrte dann nach Bologna zurueck, wohl um in person sein heer gegen Mailand zu fuehren; von dort zog er nach Piacenza; an beiden orten hielt er einen hoftag ab. [108]) Es ist wohl kaum zu bezweifeln, dass Hermann, der vertraute des kaisers, sowohl zu Lodi, wie zu Bologna und Piacenza, als endlich auf

---

[103]) Die beweisfuehrung s. M. K. s. 79—84.
[104]) S. M. K. s. 84 anm. 202, 203.
[105]) S. M. K. s. 86 und exkurs 5.
[106]) S. M. K. exkurs 5. 1159 April.
[107]) Daselbst.
[108]) S. M. K. s. 87, 88.

dem hoftage zu Parma im sommer [109]) den mancherlei berathungen und entscheidungen beiwohnte. Am 18. Mai rueckte man bis dicht vor Mailand. [110]) Im Juni wurde die verwuestung des gebietes weiter fortgesetzt, der kaiser nahm auf einige zeit seinen aufenthalt zu Lodi, um die heilung einiger koerperlicher verletzungen abzuwarten. [111]) Dahin kehrte er auch nach einem kurzen, eiligen zuge nach Imola zurueck, wo Hermann bei ihm ist. [112]) Dass Hermann in Lodi damals und auch am 15. Juli um den kaiser war, wo ihn die bischoefe im triumphe ueber den sieg bei Siziano empfangen, [113]) ist wahrscheinlich; denn auch am 1. August treffen wir ihn zu (Neu) Lodi als zeugen beim kaiser. [114]) Am selben tage ist er zeuge in einer andern kaiserlichen urkunde fuer S. Peter von Modena. [115])

1159
Mai 18.
Juni.
Juli 15.
Aug 1.

Unzweifelhaft nahm der bischof auch theil an der belagerung Kremas, vom kaiser am 9. Juli bereits begonnen. [116]) Von hier aus ward er dann mit seinem genossen Daniel von Prag vom kaiser an die beiden

---

[109]) Perts LL. 2, 116.
[110]) S. M. K. s. 88 anm. 217a.
[111]) Burchard p 48: Laudam rediit, quoniam brachii unius et cruris infirmitate debilitabatur, ut ibidem membra laesa refocillaret. Vgl. M. K. s 90 anm. 225.
[112]) S. M. K. s. 91. Ksl. urk. in claustro S. Mariae de Regola von Imola fuer Imola. B. reg. 2420 nach Savioli, annali di Bologna 1, b, 257 und Ughelli, It. s. 2, 627. Hiebin gehoert auch vielleicht das placitum Hermanns bei Rossi p. 340 ante aedem s. Mariae in portu auf der grenze von Ferrara und Ravenna, von 1159 Juni 28.
[113]) S. M. K. s. 94
[114]) In kaiserlicher urkunde fuer bischof Konrad von Eichstaedt. Erben, reg. Boh, p. 133 n. 299. Falkenstein C. D. Nordg. 37. Luenig reichsarchiv 17, 207. Mit d. j. 1158. Boehmer reg. n. 2423.
[115]) Murat. antiq. Ital. 6, 247. Margarini bull. Cass. 1, 16. Boehmer, reg. n. 2422.
[116]) S. M. K. s. 93, anm. 240.

1159
Okt. 23.

Roemischen erwachlten abgesandt;[117]) das kaiserliche schreiben an Alexander III. oder vielmehr an den kanzler Roland ist vom 23. Oktober.[118])

Denn mittlerweile war in Rom jene unselige doppelwahl erfolgt, welche das 18jaehrige schisma einleitete, das die ganze christliche welt zerriss und aufs tiefste erschuetterte. Wir koennen uns aber bei darstellung der thaetigkeit Hermanns in demselben kuerzer fassen, da er gar vielfach an der seite eben dieses seines freundes wirkt, dessen thaetigkeit wir bereits an anderem orte behandelt haben.[119])

Was wir dort[120]) ueber den standpunkt und die beurtheilung Daniels von Prag sagten, gilt auch hier fuer bischof Hermann. Wir sagten:

Dass der kaiser diese maenner, die im anfange dieses jahres von den Mailaendern als seine gesandten aufs toedtlichste beleidigt waren, als gesandte an den mit Mailand verbundenen papst schickte, dass es zugleich die umsichtigsten, kuehnsten, dem kaiser ergebensten maenner waren, das war fuer den standpunkt und die kuenftige entscheidung desselben in der sache des schismas bezeichnend genug; am bezeichnendsten aber waren die aufschriften der beiden an die beiden erwaehlten gerichteten schreiben. Denn waehrend das an Alexander gerichtete die aufschrift: « an den kanzler Roland » trug, lautete das an Viktor gerichtete: « an den erwaehlten Roemischen bischof ». Damit trat der kaiser ja schon im voraus Viktor bei, und die ausdruecke, deren er sich bediente, um sich das ansehen der unparteilichkeit zu geben, werfen eben kein guenst-

---

[117]) Rag. 2, 54. Die uebrigen beweisstellen s. schisma, s. 223 anm. 338 a.
[118]) Rag. 2, 55; auch bei Pertz LL. 2, 118.
[119]) Schisma. — [120]) Schisma S. 226 ff.

iges licht auf ihn und sein verfahren; die logik der thatsachen sprach staerker, als die mit aller kunst aufgesetzten und auch staerker als die gefaelschten schreiben. Erwaegen wir nun noch endlich, dass Guido von Biandrate, der vater des vom papste nicht bestaetigten erwaehlten von Ravenna, dass [Otto von Wittelsbach (der auch der gesandtschaft beigegeben gewesen sein soll; s. darueber schisma 2. exkurs) seit dem reichstage zu Bisanz und] wahrscheinlich auch Hermann von Verden gleichfalls wegen der Ravennater sache, in der ja Alexander durchaus den standpunkt seines vorgaengers festhielt, persoenlich bittere feinde Alexanders waren, so ist klar, dass keiner der gesandten an eine vermittelung, an eine verstaendigung, ja auch nur an eine neutralitaet noch denken konnte, und damit haben wir den standpunkt fuer die beurtheilung der haltung unseres bischofes in diesem schisma gewonnen. Indem er sich als glied dieser gesandtschaft verwenden liess, indem er das kaiserliche schreiben « an den kanzler Roland » in empfang nahm, um es diesem einzuhaendigen und das andere an Viktor « als den erwaehlten Roemischen bischof », da trat er offen auf die seite des kaisers und der schismatiker; aus welchen beweggruenden, wollen und koennen wir nicht entscheiden. . . . Wir muessen das moralische urtheil, das hoechste und entscheidende fuer den menschen und die geschichte, hier zu faellen uns versagen: denn ist es an sich nicht leicht, die letzten gruende und gedanken eines menschen ganz zu kennen und zu wuerdigen in naechster gegenwart, bei der fuelle seiner handlungen und worte, so noch viel weniger, nachdem jahrhunderte uns von ihm trennen und noch diese anhaltspunkte theils gaenzlich uns genommen, theils bis auf ein geringstes beschraenkt haben.

Welchen weg die kaiserliche gesandtschaft einschlug,

1159 was sie auf demselben wirkte, wissen wir nicht [120])
Novb. 8. Sie traf wohl nach dem 8. und vielleicht schon vor dem
Novb. 13. 13. November bei Alexander in Anagni ein. [121]) Das
benehmen der kaiserlichen gesandten war dem ihres
auftraggebers wuerdig, es entsprach der aufschrift des
kaiserlichen schreibens. Sie kamen, heisst es, stuermisch
und mit stolzer mine, gingen in den pallast, in die versammlung der kardinaele, die den Alexander gewaehlt
hatten und ihn hier umgaben, erwiesen aber dem papste
keine ehrerbietung, sondern entledigten sich nur des
kaiserlichen auftrages, indem sie sein mit goldener bulle
versehenes schreiben ueberreichten. [122])

In diesem lud der kaiser, sich als den hoechsten
richter betrachtend, den Alexander vor eine von ihm
nach Pavia berufene kirchen- und reichsversammlung.
«Somit gebieten wir euch, und befehlen an statt Gottes
und der ganzen katholischen kirche, zu dieser reichsversammlung oder zusammenkunft zu kommen, um das
urtheil der kirchlichen personen zu hoeren und anzunehmen. Denn Gott ist unser zeuge, dass wir auf dieser
reichsversammlung weder durch liebe noch durch hass
irgend jemandes bewogen etwas anderes erstreben
wollen, als die ehre Gottes und die einheit seiner kirche.
Wenn ihr zu dieser grossen kirchenversammlung zum
zwecke der untersuchung kommen wollt, so sollen unsere
geliebten fuersten, zugleich fuersten der katholischen
kirche, die ehrwuerdigen vaeter und bischoefe: Her-

---

[120]) Schism: s. 233
[121]) Das. s. 234, anm. 870—872.
[122]) Vit. Alex.: Venerunt ipsi festinanter et in typo superbiae,
et intrantes palatium steterunt coram pontifice et cunctis fratribus
aliisque multis tam clericis quam laicis, sed nullam exhibuerunt
pontifici reverentiam. Recitarunt ea, quae a domino suo imposita
eis fuerant et bullatas auro eius literas reddiderunt.

mann von Verden und Daniel von Prag, die wir von
unserm hofe zu euch schicken, zugleich mit dem pfalzgrafen, unserem blutsverwandten und andern gesandten
euch sicheres geleit gewaehren. Wenn ihr aber das
urtheil Gottes und der kirche auf dieser feierlichen versammlung nicht annehmen wollt, dann moege Gott richten;
wir aber werden unter dem beistande dessen, der den
koenigen kraft verleiht [129a], den urtheilsspruch Gottes
fuehren in gerechtigkeit, die niemand strenger handhaben
soll, als der Roemische kaiser.» [129b])

Alexander, die groesse der gefahr und die groesse
des bevorstehenden kampfes wohl erkennend, antwortete
doch muthig: «Die kaiserliche versammlung zu besuchen
oder den ausspruch derselben anzunehmen, das ver-
bieten uns die kirchliche ueberlieferung und das ansehen
und die ausspruecche der h. vaeter, die wir achten muessen.
Denn wenn schon in kleineren kirchen deren schutz-
herrn und weltliche fuersten berufungen, verhandlungen
und entscheidungen derartiger sachen sich oder ihren
versammlungen nicht anmassen, sondern immer die
kenntnissnahme und entscheidung ihrer metropoliten oder
des apostolischen stuhles erwarten, so waeren wir in
hohem grade Goettlicher strafe und eines um so haert-
eren tadels der ganzen kirche werth, je mehr es eben
der ganzen kirche zur gefahr gereichen wuerde, wenn
durch unsere unwissenheit oder unsere schwaeche in
unsern tagen beim haupte (Gott verhuete es) jene krank-

[129a]) Psalm 143 v. 10: Qui das salutem regibus.

[129b]) Quod si ad tam celebrem ecclesiae conventum examinationis
causa venire volueritis, charissimi principes nostri et ecclesiae catholi-
cae Hermannus Verdensis, D. Pragensis, patres et episcopi venerabiles, quos de palatio nostro ad vos transmisimus, una cum comite palatino, consanguineo nostro aliisque legatis nostris securum
vobis conductum praestabunt etc. Vollstaendiger s. die rede schisma
s. 235—237.

heit beginnen wuerde, und wenn wir duldeten, dass die kirche, durch Christi kostbares blut erloest, geknechtet wuerde, fuer deren freiheit unsere vaeter ihr blut vergossen und fuer die auch wir nach ihrem beispiele, wenn es sein muss, die aeussersten gefahren ertragen muessen. [124])

Der kaiser also nicht weniger wie der papst stuetzen sich ausdruecklich bei ihrem vorgehen auf Goettliche anordnung.

Die kaiserlichen gesandten machten auf diese antwort ihrem unwillen luft, und entfernten sich mit derselben unehrbietigkeit, mit der sie gekommen. [125])

Von Anagni aus begaben sie sich dann nach Segni und haendigten Viktor das kaiserliche schreiben ein, welches leider nicht auf uns gekommen ist. Hier aber gestaltete sich der auftritt voellig anders: die beiden bischoefe werfen sich vor dem kaiserlichen werkzeuge nieder und adoriren, neben ihnen kniete pfalzgraf Otto von Wittelsbach mit seinem gefolge, [126]) derselbe, der einst zu Bisanz dem Alexander das schwert durch die brust stossen wollte. [127])

---

[124]) Vit. Alex. — Vollstaendiger schisma s. 240—242.

[125]) Vit. Alex. — Dato responso indignati sunt et contumaciter redeuntes etc.

[126]) Vit. Alex.: ad Octaviani praesentiam apud Signiam accesserunt. Praesentatis itaque sibi (so) imperialibus literis, prostraverunt se ad pedes eius et adoraverunt eum. Id ipsum quoque fecit Otto palatinus comes cum Teutonicis, quos imperator cum eo ad partes urbis delegaverat. Die abweichenden lesarten s. schisma s. 243 anm. 381.

[127]) Otto Sanblas. Boehmer ff. 3, 587: Otto pal. de Witilinsbach, qui gladium majestatis imperatori adstans tenebat, ipso gladio evaginato, impetu in cardinalem facto, vix ab ipso imperatore retentus est, quin exitio cardinalem dederit.

Viktor, durch diese ehren hoch erfreut, versprach, zum festgesetzten tage zu kommen und das urtheil der kirchenversammlung zu hoeren. [128])

Am 5. Dezember dieses jahres schrieb Viktor auch an den abt Heinrich von Lorsch: ueber unsere lage und unser vorhaben werden dich die ehrwuerdigen bischoefe Hermann von Verden und Daniel von Prag ausfuehrlicher in kenntniss setzen. [129]) 1159 Dez 5.

Leider haben wir darueber weiter gar keine nachrichten. [130])

Aber in Rom selbst, koennen wir mit ziemlicher bestimmtheit sagen, sind beide bischoefe fuer Viktor thaetig gewesen. Hier scheinen sie in der Peterskirche eine versammlung der Roemischen geistlichkeit abgehalten zu haben, wohl um sich den wahlvorgang zu gunsten des gegenpapstes vortragen zu lassen und dann selbst seine erhebung gut zu heissen. Denn die kanoniker von S. Peter berichten selbst: « Die bischoefe, die gesandten des kaisers, werden ausfuehrlicher mittheilen koennen, welche demuth und wahrhaftigkeit sie auf dieser (unserer) seite und welche auf jener (Alexanders) gefunden haben. Auch in der stadt Rom, da die Roemische geistlichkeit

---

[128]) Vit. Alex.: Tunc vero non mediocriter (nicht, wie Watterich hat, mediocriter) est elevatum cor ipsius hæresiarchæ, vehementer extollens se super se tanquam inscius et cœcus etc. (Die erklaerung der folgenden zweifelhaften stelle s. schisma s. 243, 244 anm. 382 a. Otto Morena SS. 18, 620: Octavianus vero, legatos imperatoris audiens eos magno gaudio suscepit atque predicte discensionis (so) desiderans audire sententiam sanctorum virorum promisit legatis, ad prefixum terminum se venturum. — Otto Morena erzaehlt zuerst den vorgang in Segni, dann den in Anagni.

[129]) Cod. Lauresham 1, 259: De statu et proposito nostro Hermannus Verdensis et Daniel Pragensis venerabiles episcopi te plenius certificabunt.

[130]) Ausfuehrlicher darueber schisma s. 247, 248 anm. 388 a.

unter ihrem vorsitze in der Peterskirche zusammenkam, was sie da ueber diese (wahl) handlung erfahren haben, moegen sie selbst berichten, da wir glauben, dass sie (bei der bevorstehenden kirchenversammlung) gegenwaertig sein werden. Um ihre aussagen zu bekraeftigen, senden wir 2 von unsern bruedern zu euch, den Petrus Christianus, den dekan unserer kirche und den Petrus den sohn Guidos, kaemmerer und subdiakon der heiligen Roemischen kirche.» [181])

Es sollen auch unterhandlungen der Alexandriner mit den kaiserlichen gesandten stattgefunden haben (wann, wird nicht genau gesagt), die aber nicht zum ziele gefuehrt. [182]) Die Alexandriner sollen das zugestaendniss eines konzils gemacht haben, aber eines konzils, von Alexander nach Rom berufen, wenn vielleicht etwas betreffs ihres vorgehens und verhaltens zu verbessern und zu berichtigen sein wuerde. [183])

Dies zugestaendniss ist durchaus nicht unwahrscheinlich, [184]) allein die kaiserlichen gesandten erklaerten sich fuer nicht ermaechtigt, auf diesen vorschlag eine antwort zu ertheilen, verharrten vielmehr bei ihrer forderung, und verlangten ausserdem noch von Alexander staedte und geisseln, an welche der kaiser sich betreffs der erfuellung des versprochenen halten koenne, so wie andrerseits Viktor zur groesseren sicherheit seine burgen,

---

[131]) Schreiben der kanoniker von S. Peter an das Paveser konsil. Rag. 2, 66: domini episcopi, domini imperatoris legati, quid hinc inde humilitatis et veritatis cognoverint plenius poterunt enodare. In urbe quoque, cum Romanus clerus ad ecclesiam b. Petri, ipsis praesidentibus conveniret, quid de facto isto perscenscrint, quoniam praesentes esse credimus, referant ipsi et ad hoc comprobandum etc. Ausfuehrlicher schisma s. 248, 249.
[182]) Ep. card. Alex. ap. Theiner 214.
[133]) S. schisma s. 249, 250 anm. 390.
[134]) S. schisma s. 250, 251.

festen und auch seine brueder und enkel als geisseln dem Alexander anbot. Aber auf dergleichen forderungen konnte sich Alexander noch viel weniger einlassen. [135])

Wie ueber den hinweg, so wissen wir auch ueber den rueckweg der beiden bischoefe nichts bestimmtes, [136]) aber die anwesenheit Hermanns auf der Paveser versammlung ist hinreichend beglaubigt. Hier soll er bezeugt haben mit seinem genossen Daniel, sie haetten Alexander und seine kardinaele 3 mal, jedesmal nach ablauf einer gewissen zeit, definitiv und feierlich und foermlich vorgeladen und dass der kanzler Roland und seine kardinaele laut (wie sie aus ihrem eigenen munde vernommen) erklaert haetten, sie wuerden kein urtheil und keine untersuchung der kirche annehmen. [137])

Mussten wir diesen bericht auch dem inhalte nach anzweifeln, [138]) so scheint er uns doch als zeugniss fuer die anwesenheit und thaetigkeit bischofs Hermann auf der Paveser kirchenversammlung gelten zu koennen, um so mehr, da auch Hermann unter dem protokolle derselben unterschrieben steht [139]) und am 16. Februar als

1160 Febr. 5—11 (13) Febr. 16.

---

[135]) S. schisma s. 251.
[136]) S. schisma s. 252—255.
[137]) Epist. praes. conc. bei Rag. 2, 70: Deinde venerabiles episcopi Hermannus Verdensis, D. Prag. . . . . quos . . . . delegaverat, in conspectu concilii . . . . testimonium perhibuerunt, quod Rolandum cancellarium et partem ejus trinis edictis per intervalla (per temporum intervalla bei Otto Mor. SS. 18, 621) peremptorie et sollenniter ad praesentiam ecclesiae Papiae congregandae remoto omni seculari juditio vocaverunt et quod Rolandus cancellarius et sui cardinales viva voce et ore proprio juditium vel examen aliquod ecclesiae se nolle recipere manifeste dixerunt. Die verschiedenen lesarten s. schisma s 259 anm. 413.
[138]) S. schisma s. 259—263.
[139]) Pertz LL. 2, 127. Er steht vor Walo von Havelberg, Daniel von Prag, vor Passau, Regensburg, Eberhard v. Bamberg und Augsburg.

1160
Febr. 16.
zeuge in kaiserlicher urkunde fuer den patriarchen von Aglei erscheint. [140])
Von Pavia aus soll dann Hermann nach Spanien gesandt worden sein, um den beschluessen der kirchenversammlung anerkennung zu verschaffen. [141])

1161
Juni
19—22.
Wir verlieren ihn in der that ganz aus den augen, bis er auf dem Lodeser konzil wieder auftaucht. [142]) Aber wir wissen freilich auch da nur, dass er anwesend war.

1162
Juni 10.
Juni 30.
Sept. 7.
Dann treffen wir ihn am 10. Juni des folgenden jahres (1162) zu Pavia [143]) und im gebiete von Bologna am 30. Juni beim kaiser als zeugen, [144]) weiter am 7. September auf der Burgundischen kirchenversammelung in derselben eigenschaft. [145])

---

[140]) Dem patriarchen wird das bisthum Belluno geschenkt. Boehmer, reg n. 2438. Nicht am 15. Februar, s. schisma s. 270 anm. 432; nicht im April, wie Ughelli, Italia sacra 5, 151 und Dumont, corps diplomatique 1, 85 n. 141 wollen, indem sie 15. Kal Maj. statt Mart. lesen. Bei Raumer, H. St. 2, 135 anm. 2, der der falschen datirung von Dumont folgt, fehlt der Verdener, der unter den zeugen nach Merseburg steht.

[141]) S. den exkurs.

[142]) Gehalten 1161 Juni 19—22. Hermann erscheint hier als zeuge in kaiserlicher urkunde. Erhard, C. D. Westf. 2, 96, falsch zu 1162 gesetzt, indem devastatio mit destructio verwechselt wurde. Hermann steht nach Friedrich von Muenster, Heinrich von Luettich, Gotfried von Utrecht, Werner von Minden, Evergis von Paderborn, vor Albero von Verdun, Guillimar von Brandenburg. 1161 Sept. 1 ist er bei Landriano nicht zeuge, vgl. schisma s. 300 anm. 503a.

[143]) In 2 kaiserlichen urkunden fuer Henrico Verci (Guercio) markgrafen von Savona. Dumont, corps dipl. 1, n. 143, 144 als « Sardensis ».

[144]) In kaiserlicher urkunde fuer S. Viktor von Bologna. Savioli, annali di Bologna I, 2, 264

[145]) Boehmer reg. 2466. Murat. antiq. Ital. 6, 57, 58. Boczek C. D. Moraviae 1, 274 n. 288. Erben, reg Boh. p. 136. n. 310. Er steht vor Prag, Brandenburg, Havelberg, Naumburg. Hermann

Weiter wurde er gegen ende November vom kaiser als sein bevollmaechtigter nach Italien gesandt, um alle streitsachen der Lombardei, sowohl in erster als zweiter instanz zu entscheiden.[146]

1162 Novb. 66. ende.

Hermann richtete zu Lodi, Modena, Parma und in der mark, und erfuellte, wie es heisst, seinen auftrag weise und mit maessigung.[147]

In Modena war er am 3. Maerz des folgenden jahres (1163). Hier liess vor ihm als kaiserlichen stellvertreter und gesandten das kloster S. Thomas von Reggio durch seine nonne Adelasia klage vorbringen gegen Konrad, den sohn koenigs Heinrich[148] und den kurator Ubert wegen einer besitzung dieses Ubert, die Konrad diesem kloster streitig machte.[149] Hermann hielt darauf gericht[150] mit Ugo Speronus,[151] Guibert de Bernardo[152]

1163 Maerz 3.

---

ist um 1162 auch noch zeuge in einer urkunde Hartwichs v. Bremen, in welcher dieser die Elbe und die Bille als grenzen des Ratzeburger bisthums bestimmt und letzterem verschiedene doerfer beilegt. Er steht vor dem Altenburger Gerolf und dem Meklenburger (Magnopolitanus) Berno. Lappenberg H. U. B. 1, 208 n. 224. Ohne naehere zeitangaben.

[146] Acerbus Morena SS. 18, 640. Deinde quoque misit in Ytaliam clarissimus imperator .... domnum Hermanum (so) Verdensem episcopum de Saxonia deditque ei potestatem, ut de omnibus causis Italie, tam de principalibus, quam de litibus appellationum sua vice cognosceret easque legitimo tramite diffiniret.

[147] Acerbus Morena daselbst: Qui et ipse partim Laude partimque in aliis tam Marchie quam Lombardie civitatibus sapienter et moderate mandatum imperatoris adimplebat. Modena und Parma s. weiter unten.

[148] Sollte Heinrich V. einen bastardsohn gehabt haben?

[149] Molestabat nec sinebat quiete possidere.

[150] Pro tribunali sitzend.

[151] Judex von Piacenza.

[152] Judex von Kremona, s. weiter unten.

1163 und Albert, [153]) den kaiserlichen hofrichtern; [154]) die
Maerz 3. richter befahlen, das kloster nicht zu belaestigen, in gegenwart des bischofs und erzpriesters von Modena. [155])
Von Modena begab sich Hermann alsbald nach Parma. Hier richtet er als kaiserlicher bevollmaech-
Maerz 7. tigter [156]) am 7. Maerz (1163) mit denselben beisitzern. Die kanoniker von Parma klagen ueber Oddo von S. Quiriko wegen vorenthaltens von ueber ¼ des hofes von S. Secondo, den die graefin Mathilde von Tuszien einst als prekarie inne hatte. Da Otto citirt nicht erscheint, investirt der bischof die kanoniker. [157])
Ein weiteres gericht von Hermann lernen wir aus
Apr. 23. einer urkunde v. 23. April desselben jahres (1163), wahrscheinlich auch zu Parma [158]) ausgestellt, kennen. Hier erklaert naemlich vor boni homines Gilbert, lehrer an der schule der hauptkirche von Parma, 19 lire 3 sol. Mailaendisch an Lanfrank, den legaten des bischofs Hermann von Verden gezahlt zu haben, des kaiserlichen bevollmaechtigten um recht zu sprechen, [159]) fuer den besitz von ¼ des hofes S. Secondo und des ganzen hofes Meletulus, [160]) welche der bischof mit rath seiner beisitzer Gibert de Burnando (ort etwas im osten von Krema) [161]) und Ugo de Raso von Pavia den kanonikern

---

[153]) (Adigherius) judex von Ferrara.
[154]) Imperialis aulæ judices.
[155]) Murat. antiq. Ital. 1, 477.
[156]) Vicarius imper. ad justitiam faciendam.
[157]) Legitimo jure servato. Die zeugen von keiner bedeutung. Affò, storia di Parma 2, 375.
[158]) Affò, storia di Parma 2, 377 ohne angabe des ausstellungsortes
[159]) Vicarius imper. ad justitiam faciendam wie anm 156.
[160]) Curtis Meletuli.
[161]) Jedenfalls der schon oben s. 41 text unten genannte judex von Kremona, Guibert de Bernardo.

zuerkannt; 10 lire pro judicatura, 40 sol. an Lanfrank, 1163
der die kanoniker in besitz setzte. Apr. 23.
Dies war also noch ein anderes gericht in der naemlichen sache. Es war aber noch nicht die letzte entscheidung; noch am 19. Maerz 1164 [162]) faellten Rolandus Zurlus, Rugmentus judex, magister Alexander Maranus als kaiserliche richter [163]) in diesen streitsachen ein urtheil gegen die filii Rolandi Rossi, und Hugo und Guidoto de Pizo ein urtheil auf rueckfall von 1/4 des hofes S. Secondo an die kanoniker. [164])

Dann treffen wir Hermann am 28. Mai dieses jahres Mai 28. (1163) [165]) auf der grenze der gebiete von Ferrara und Ravenna, wo er, gesandt als legat des kaisers Friedrich, vor der kirche S. Maria de Saltu, auf bitten der kirche von Ravenna die investituren der gueter in der villa von Porto und de Insula Saltus sub nomine comitatus aufhebt, welche die kirche von Ravenna in anspruch nahm, und welche ein Gerardus comes Figaroli ver-

---

[162]) Affò, 2, 325.

[163]) Judices imperiales, nicht hofrichter, sondern stellvertreter des podesta, des eigentlichen judex imperialis in Parma.

[164]) Wir bemerken hier nur noch gelegentlich, dass schon einmal bei augenblicklicher vakanz des podestariats 1162 Maerz 23 (Affò, 2, 372) Rolandus Zurlus, Busolus und Maltalentus unter dem titel von potestates et judices imperiales fuer die kanoniker gesprochen, dann April 24 der bischof Eberhard von Bamberg einen spruch in Parma als kaiserlicher legat fuer propst und kapitel von Parma erlassen, und dann erst beim allgemeinen wechsel und bei der neubesetzung der podestarien 1162 (s. Morena) unter dem titel des legatus imp. Friderici vicarius Parmae et Regii rector ein zeugenverhoer ueber den besitz von Meletulo von seiten der kanuniker von Parma gehalten hatte, wobei Vetulus causidicus als Parmae potestatis assessor unterzeichnet.

[165]) Rossi (Rubeus) storia di Ravenna p. 340, mit anno MCLIX, wohl verschrieben statt MCLXIII, da Hermann 1159 diese wuerde nicht bekleidete.

1163 schiedenen Ravennaten zugesprochen hatte. Guido Uber-
Mai 28. tini [166a]) und Petrus Traversari [166b]) wurden im namen der Ravennatischen kirche wieder in ihren besitz gesetzt. Bischof Hermann hatte den Roland judex bei sich, wohl der oben genannte Rolandus Zurlus. Wir erinnern uebrigens bei dieser gelegenheit an die sendung Hermanns nach Ravenna als kaiserlicher gesandter bei der wahl eines neuen erzbischofes 1158, die wir oben besprachen.

Aug. 13. Am 13. August dieses jahres (1163) schlichtete der kaiser einen streit zwischen dem erzbischofe Hartwich von Bremen und unserem bischofe dahin, dass der erstere alle seine besitzungen im bereiche der Verdener kirche dieser abtrat. [167])

Kurz vorher, am 12. Juli, war Heinrich der Loewe bei Verden gewesen, von wo er 2 urkunden datirt; in der ersten bewidmet er das domherrnstift zu Luebek, in der zweiten befreit er die domherren zu Luebek von allen auflagen und lasten der buergerschaft. [168]) In keiner von beiden urkunden ist Hermann zeuge oder auch nur erwaehnt.

Wo dies verhandelt wurde, wissen wir nicht; wahrscheinlich war Hermann in seine heimath zurueckgekehrt; [169]) denn Acerbus Morena, der Lodeser geschichts-

---

[166]a) De Duodei von Ravenna.

[166]b) Sie kommen auch als zeugen vor in der beruehmten kaiserlichen urkunde vom 23. April 1167 in territ. Ariminensi. Boehmer, reg. n. 2325; s. schisma, exk. 8 s. 87.

[167]) Leibniz, SS. rr. Brunsvic. 2, 217. Ohne ort.

[168]) Mekl. U. B. 1, 76—78 n. 82 und 83. In das jahr 1163, nicht 1164 gehoeren doch mit groesster wahrscheinlichkeit beide urkunden, s. das. die anm. zur 1 urk.; 1164, wie Prutz H. d. L. reg. n. 96 will, ist unmoeglich. S. die genannte anm. und Cohn G. G. A. 1866 st. 16 s. 613.

[169]) In diese zeit (1163) faellt wohl auch eine schenkung des

schreiber, meldet ausdruecklich seine am 29. Oktober 1163 mit dem kaiser erfolgte rueckkehr nach Lodi; ausserdem begleiteten den kaiser seine gemahlin Beatrix, die erwaehlten von Koeln und Mainz, zwischen denen Hermann sehr ehrenvoll aufgefuehrt wird, und pfalzgraf Otto von Wittelsbach. [170]) Am 4. November (1163) fand dann zu Lodi die erhebung des h. Bassian [171 a]) statt, dessen reliquien kaiser und kaiserlicher papst selbst trugen. Bischof Hermann war bei dieser feierlichen handlung unzweifelhaft zugegen, wenn es auch der Lodeser geschichtsschreiber uns nicht ausdruecklich meldet. [171 b]) Am 27. Novb. ist er in Pavia zeuge in kaiserl. urk. fuer das kloster S. Salvator und S. Julia zu Piacenza mit Reinald von Koeln und dem erzbischof v. Mainz. [172]) Am 2. Dezember ist

---

bischofs an seine kirche: er schenkte den zehnten zu Roestede und Tunderlinge. Chron. ep. Verd. bei Leibniz, SS. rr. Brunsvic. 2, 217, zu 1155 gesetzt.

[170]) SS. 18, 642: Die vero Lune, que fuit quarta dies ante kal. Novbr. predicti anni (1163) reversus est de terra Theotonica christianissimus augustus in civitate Laude cum Beatrice serenissima conjuge sua et cum cansellario electo Collonie (so) archiepiscopo et cum Hermano (so) Verdensi episcopo et Conrado electo Maguntie archiepiscopo, qui frater erat (supererat bei Muratori!) Ottonis comitis palatini et cum ipso comite palatino et cum comite Gabardo . . . . et cum aliis principibus et baronibus Alamanie. 4. kal. Novb. ist allerdings Oktober 28; da der tag aber ausdruecklich ein Montag genannt wird, der Montag auf den 29. faellt, so ist der 29. wohl anzunehmen; Reuter, G. A. III. hat noch den 28. Ganz falsch hat das editum ab Osio MCLXVII statt MCLXIII.

[171 a]) Vom Roemischen martyrolog. nicht anerkannt.

[171 b]) Ipse enim met (tmesis!) apostolicus et imperator inclitus et patriarca Aquilegensis (Udalrich II.) et abbas Cluniacensis cum aliis quibusdam episcopis et archiepiscopis . . . . corpus ipsum preciosum suis humeris portaverunt. Acerbus Morena SS. 18, 642.

[172]) Margarini bull. Cassinense 2, 179, 180. Boehmer, reg. n. 2480. Arnold wohl verschrieben statt Konrad. Aehnlich fuehrt Stumpf,

1163	dann der bischof zu Pavia zeuge in kaiserlicher urkunde
Dez. 2, 6.	fuer S. Nazario von Pavia, [173]) am 6. Dezember zeuge zu Monza in kaiserlicher urkunde fuer das beruehmte kloster S. Zeno zu Verona. [174])
1164	Im folgenden jahre (1164) aber wuessten wir ihn
1165	unter den zeugen nicht mehr nachzuweisen, er erscheint
Febr. 26.	vielmehr als zeuge erst wieder am 26. Februar 1165 auf dem Altenburger tage in kaiserlicher urkunde fuer die mit der villa Prezuz [175 a]) beschenkte Meissner kirche. [175 b])

Dieser Altenburger tag war nun unzweifelhaft fuer die bald folgenden ereignisse von groesster wichtigkeit; nicht blos die bedeutende zeugenreihe macht uns aufmerksam, sondern auch die unmittelbar darauf folgenden Wirzburger beschluesse, die jedenfalls hier schon zur sprache gekommen sind; ebenso der in aussicht genommene zug nach Italien. Dass Hermann hier ganz und gar in des kaisers sinne wirkte, dafuer verbuergt sein verhalten auf dem Wirzburger tage. Vorher aber finden wir ihn noch als zeuge in kaiserlicher urkunde betreffend die anlage einer wasserleitung in terra Nieda. [176])

---

act. Mag. sec. XII. 2 faelle an, wo umgekehrt Konrad fuer Arnold, aber in unechten urkunden, steht, p. XIX.

[173]) Robolini, notizie stor. di Pavia 3, 337.

[174]) Murat. antiq. Ital. 6, 245.

[175 a]) Presez, Preske oder Prietiz? im gau Miltzana.

[175 b]) Er steht vor Daniel von Prag, Gerung von Meissen und Johann von Merseburg. Boehmer reg. n. 2499. Buenau, Leben Kaiser Friedrichs I. s. 427. Erben reg. Boh. p 157 n. 312. Gersdorf, C. D. Saxoniae super. 1, 58.

[176]) Als Heimannus, Ferdensis ep. Er ist der 1. zeuge der urkunde, dann folgt Eberhard, erw. von Regensburg, der einzige bischoefliche zeuge ausser Hermann. Erben reg. Boh. setzt diese urkunde zwischen die von 1165 Febr. 26 zu Altenburg und die von 1165 Apr. 17., zu Frankfurt ausgestellte (Boehmer, reg. n. 2501) als

Es war am 24. Mai 1165, als der kaiser vor dem versammelten reichstage jenen furchtbaren schwur leistete: dass er zeitseines lebens weder den schismatiker Roland noch einen von der partei desselben gewaehlten nachfolger anerkennen wolle, dass er keinem gestatten werde, denselben anzuerkennen und keinem anhaenger desselben seine gnade wiederschenken werde, bevor er in anerkennung seines irrthums zur kircheneinheit zurueckgekehrt sei, dass er dagegen die sache Paschals immer foerdern und ihm als dem katholischen papste gehorsam und die gebuehrende ehre erweisen wolle, dass er endlich nach dem tode Paschals keinen als papst anerkennen wolle, der nicht von der partei desselben erwaehlt sei; dieser schwur solle auch den von den fuersten zu waehlenden nachfolger des kaisers verpflichten und er vor leistung desselben nicht gekroent werden duerfen.

1165
Mai 24.

Jeder geistliche und weltliche fuerst sollte dasselbe beschwoeren und innerhalb 6 wochen nach seiner rueckkehr von allen untergebenen beschwoeren lassen; jeder geistliche, der den schwur verweigere, solle seine kirchlichen wuerden und aemter, jeder laie seine allode und lehen verlieren und aus dem ganzen reiche vertrieben werden. [177])

Aber mit ausnahme Hermanns von Verden, eines unbedingten anhaengers des kaisers, weigerten sich alle anwesenden bischoefe, den eid zu leisten und erklaerten, lieber auf die regalien verzichten zu wollen, als so unerhoerten bestimmungen beizustimmen. Es wurde ihnen aber geantwortet, sie haetten zu schwoeren und die regalien zu behalten, sie moechten wollen oder

---

n. 313. Luenig, reichsarchiv 4, 127. Boczek, C. D. Mor. 1, 275. Fehlt bei Boehmer; ist ohne tag und ort.
[177]) Ficker, Reinald §. 37 a. 79, 80; §. 40 a. 85 unt. — Reuter, G. A. III.

1165
Mai 24

nicht. Weinend und klagend schwur also zuerst der erzbischof von Magdeburg, doch nur unter der bedingung, dass alle abwesenden schwoeren wuerden und dass er von seinem schwure geloest sei, sobald er auf die regalien verzichte; nach langem zoegern schwur unter aehnlicher bedingung auch Eberhard von Bamberg. Konrad von Mainz entzog sich dem schwure durch naechtliche flucht. Unbedingt schwuren nur Rainald mit 2 suffraganen und die bischoefe Hermann von Verden und Gero von Halberstadt. [178])

Aus dieser zeit (um 1165) haben wir noch eine nachricht Hermann betreffend. Kaiser Friedrich thut naemlich kund, die kaiserliche kurie habe auf anfragen des bischofs Hermann von Verden entschieden, dass der bischof eine klage betreffs des mobiliarnachlasses seines vorgaengers gegen die erben desselben nach weltlichem rechte nur vor dieser kurie erheben koenne, und dass das lehnrecht bei einer praebende der Verdener kirche und bei den plebankirchen nach dem tode des concessors erloeschen soll, und befiehlt den betheiligten, sich hiernach zu verhalten. [179]) In bezug auf die ausstellungszeit dieser urkunde bemerkt v. Hodenberg: «Am 26. September 1165 ist vom kaiser zu Worms die frage entschieden, ob ein geistlicher auf dem todesbette ueber seinen mobiliarnachlass verfuegen koenne (B. reg. n. 2508). In diese zeit wird auch die obige urkunde gehoeren.» Dann haben wir noch eine kurze urkundliche nachricht, dass Hermann bei Heinrich dem Loewen gegenwaertig war und zustimmte, als dieser mit

---

[178]) Ficker, Reinald §. 40, s 85, 86. Vgl. Reuter, G. A. III, 2, 206. Das hier stehende falsche Verdun hat er 3, 782 in Verden verbessert.
[179]) Leibniz SS. rr. Brunsvic. 2, 217. Von Hodenberg, Verd. G. Q. 2, 44 n. 23. Pertz LL. 2, 140.

dom erzbischofe Hartwich von Hamburg die grenzen des bisthums Ratzeburg festsetzte. Die urkunde ist ausgestellt zu Lueneburg 1167; der wortlaut der Hermann betreffenden stelle aber, wie uns scheint, so, dass man wohl eben so gut diese abmachung als frueher geschehen betrachten kann. [180])

Dann begleitete Hermann ende des folgenden jahres (1166) den kaiser wieder nach Italien. Mit seinem freunde und zeltgenossen Daniel von Prag bekleidete er fuer diesen zug das amt eines kaiserlichen hofrichters fuer ganz Italien. [181]) *1166 ende.*

Der kaiser wandte sich von Trient, indem er durch das Trientinische und Kamonische thal zog, zunaechst nach Brescia, feierte im Brescianischen das Weihnachtsfest und Epiphanie nach einem kurzen aufenthalte in Lodi, und kehrte dann nach Lodi zurueck. Am 11. Jænner brach man von hier mit der ganzen macht auf. Das naechste *Dez. 25. 1167 Jænn. 6. 11.*

---

[180]) Es heisst in der urk. darueber: Cooperante siquidem nobis et negotium fideliter nobiscum promovente domino Hartwico Hammemburgensi archiepiscopo, terminos episcopatus Raceburgensis ex omni parte distinximus, presente et nobis etiam consentiente domino Hermahno Verdensi episcopo, diligenter precavere volentes, ne novella plantatio in suis terminis aliquam inposterum patiatur injuste contradictionis molestiam, cum de suis thesauris secure proferre potuerit nostre donationis et demonstrationis paginam. Weder Hartwich noch Hermann bezeugen die urkunde oder fuegen einen bann bei; von bischoefen sind zeugen der Ratzeburger, Luebeker und Schweriner. Nach dem original im bischoefl. Ratseburg. archive in Neu-Strelitz im Meckl. U. B. 1, 82 und 83 n 88. V. Westphalen, mon. ined 2, 2040. Schroeder, papist. Meckl. 1, 427. Ludewig, rel. 6, 240. Franck a. u. n. Meckl. 3, 97. Kluever Meckl. 1, 368. Or. Guelf III. praef. 43; Lappenberg, H. U. B. im auszuge (1, 214).

[181]) Vincens von Prag, bei Tauschinski p. 138: qui semper in curia domini imperatoris domini Danielis episcopi contubernalis et cum eo in ea expeditione imperialis curie in tota Italia judex extiterat.

1167
Jænn. 23. ziel war Bologna; man kam dahin ueber Piacenza [182])
Febr. 1. und Reggio, [183]) im Februar. Von da zog der kaiser nach Imola. [184]) Hier treffen wir Hermann wieder
Mærz 4. bei ihm an. Am 4. Mærz weihte er hier den Mainzer erwaehlten Kristian zum presbyter, den Ravennaten (Guido von Biandrate) und den Regensburger (Eberhard Suevus) und viele andere zu diakonen. [185])
Mærz 5. Am folgenden tage, Sonntag 5. Mærz, hatte sein freund Daniel die grosse ehre, ihren metropoliten zum erzbischofe zu weihen mit mehren andern bischoefen; vielleicht assistirte Hermann. [186])

Von den Imolanern und von denen von Faenza, Forli und Forlimpopoli trieb der kaiser grosse summen geldes zusammen und blieb in dieser gegend noch die
Apr. 5. ganze quadragesima hindurch und weiter bis zum feste der stuhlfeier des h. Petrus zu Antiochia. [187]) Bei S. Prokulo, s. o. Faenza ist Hermann wieder zeuge in kaiserlicher urkunde. Er steht vor Daniel von Prag. [188]) Dann zog der kaiser nach Rimini. Am [23. Maerz [189])? und am] 23. April ist hier im gebiete von Rimini Hermann zeuge beim kaiser. [190])

---

[182]) Im gebiete von Piacenza war man Jænner 23., s. Tourtual schisma s. 353 anm. 638.
[183]) Hier war man am 1. Febr. s. schisma das.
[184]) S schisma s. 355.
[185]) Vine Prag.: Verdensis episcopus predictum electum (Krist. Mag.) in presbyterum et Ravennatensem et Ratisponensem et alios plurimos sabbato quatuor temporum quadragesimalium in diaconos consecrat. Tausch. p. 137, 138.
[186]) S. schisma s. 357 anm. 648.
[187]) S. schisma s. 355 anm. 646.
[188]) Guden, C. D. Mogunt. 1, 257. Ohne tag, faellt nach mittheilung von Ficker bereits in den Febr.
[189]) 23. Maerz bei Tonini, Rimini dal principio dell' era volgare al 1200, 2, 585, abgedruckt aus dem stadtbuch, dem sog. Pandol-

Aus diesen beiden urkunden scheint, wenn man die erste als wirklich hieher gehoerig annimmt, hervorzugehen, dass der kaiser einen monat hier bei Rimini lagerte, bereit, wenn es noethig gewesen, nach der aufstaendischen Lombardei sich zuruockzuwenden, dann aber war Rimini andrerseits fuer den weiteren zug nach sueden ein sehr wichtiger punkt. Vielleicht wurde in dieser zeit von Rimini aus Hermann nach Pavia geschickt, um die stadt in der treue gegen den kaiser zu erhalten. [191])
Bald nachher brach man dann aber gegen Ankona auf, wo man vielleicht um den 8. Mai etwa eintraf. 1167 Mai.
Auch Hermann nahm wohl an der belagerung dieser feste antheil. [192]) Seine mannen werden hier wenigstens

---

fesco. Actum in domo episcopi vor Ch(ristian), magactine sedis archiepiscopo, Filipp colon. aep. Ugo v̄dēsi (= Verdens.) ep. Godfred. imp. aulae canc. Rudolf com. Fullēdo (= Pfullendorf). Betreffs dieser urkunde s. schisma exkurs 8. s. 81 ff.

[190]) April 23. bei Murat. antiq. Ital. 1, 317, 318, fuer den markgrafen Heinrich von Monte S. Mariæ und seinen bruder Ugolin. Hermann steht (nach Heribert von Bisanz) vor Daniel von Prag, Alexander von Luettich, Udo von Zeitz, Gotfried von Speier, Rudolf von Strassburg, Ludwig Argentinensis, leg. Basiliensis; (Mooyer hat freilich den Ortlieb von Basel von 1137 bis 1167 Aug. 18; dagegen stirbt er nach den ann. Argent. bei Boehmer, ff. 3, 79 schon 1162; 1162 Jænn. 20. ist er noch zeuge bei kaiser Friedrich zu Lodi in urk. fuer die Merseburger kirche. Boehmer, act. imp n. 111, Jaffé setzt ihn von 1148—1164 s. k. Konrad s. 396, Müllinen in seiner Helvetia sacra setzt ihn bis 1164), Presbyter von Kremona, Alberich von Lodi, Erlebold, abt von Stablo u. a.

[191]) Vinc. Prag Tausch. p. 138: qui Papiam ab imperatore, ut eos (so) consilio suo in fide erga imperatorem stabiles efficiat, missus fuerat etc. Vinc. erzaehlt dies freilich bei der belagerung Ankonas.

[192]) Vinc. Prag. Tausch. p. 138: Post hec dominus Daniel Pragensis episcopus cum sua militia sub stationibus imperatoris ponitur. Ad primum Anchonitarum insultum domini quoque Ermanni Verdensis episcopi militis, viri venerabilis et coram deo et hominibus

erwaehnt. Der kapellan Hugo, dem er die fuehrung seiner leute anvertraute, ist vielleicht der spaetere Verdener bischof Hugo, Hermanns nachfolger. Im zelte Daniels entliess Hermann seine leute, als er nach Pavia eilte. Wann er wieder zum kaiser kam, wissen wir nicht.

Nach fast dreiwoechentlicher belagerung wurde mit Ankona ein vertrag abgeschlossen, in welchem sich die stadt dem kaiser uebergab und geisseln stellte. Dann folgte nach der kurzen unternehmung gegen Apulion der sturm auf Rom, die einnahme der Peterskirche, die einfuehrung Paschals III. und die kroenung des kaisers und der kaiserin am 1. August; [193]) am 2. August aber brach das schreckliche fieber aus, [194]) dem auch bischof Hermann am 11. August dieses jahres erlag. [195]) Ob er auf dem todesbette sich vom schisma noch abwandte, ob nicht, wissen wir nicht, ebensowenig, wie von irgend einem der andern bischoefe. So endete ploetzlich dieser bedeutende mann, von den Verdener bischoefen jedenfalls einer der bedeutendsten.

1167
Aug. 1, 2.

Aug. 11.

approbati .... in contubernio domini D. Prag ep. dimissa militia, cui dominum Hugonem capellanum suum virum honestum preponit....

[193]) Am 1. Aug. ist Hermann zeuge in kaiserlicher urkunde in Rom; er steht von den bischoefen zuletzt, vor dem abte von Fulda. Kindlinger, Muenst. beitr. 3, 61. Guenther C. D. R. Mosellanus, 1, 391 und Boehmer, reg. falsch zum 30. Juli; richtig Lacomblet N. R. U. B. 1, 296 n. 426 zum 1. August; vgl. das. die anm. 1.

[194]) S. schismu s. 361 ff. die ereignisse von der belagerung Ankonas an.

[195]) S. oben s. 2 anm. 3. Seinen tod melden verschiedene jahrbuecher und chronisten dieser zeit nebst dem necrolog. Luneb.; vor allen die vita Alex. nur ihn neben Reinald von Koeln.

Aufenthaltsnachweis
(einschliesslich die regesten)
bischofs Hermann von Verden.
1149 — 1167 Aug. 11.

1149 o. t.	u. o.		wird zum bischofe von Verden erwaehlt.	S. ob. text s. 1. anm. 2. 1
1150 nach Apr.	o. o.		Wibald von Korvei bittet den papst, er moege dem Hermann bischof von Verden schreiben, er solle dem abte helfen, dass er die in seinem lande (terra) liegenden gueter von Kemnate wieder erhalte, besonders jene, welche die abtissin Judith (von Geseke, Kemnate und Eschwege) nach ihrer absetzung der kirche entfremdet habe; und er solle die eindringlinge, wenn sie nicht binnen 30 tagen nach empfang des betreffenden schreibens ihr verhalten aenderten, aus der kirchengemeinschaft ausschliessen.	Jaffé, mon. Corb. n. 251, p. 376. C. Wibald. 228. 2
1151				
1152				
[Jænner 6	(Rom)		Eugen III. bestaetigt die rechte der Verdener kirche. Ist = n. 7. Rom passt nicht ins itinerar Eugens III. 1152 Jænn. 6.	Von Hodenberg, Verd. G. Q. 2, n. 20.] 3
Jænner 9	(Segni)		Eugen III. schreibt an Hermann, er solle sorgen, dass dem kloster Kemnate	Jaffé, reg. pont. Rom. n. 6610; mon. Corb. n. 359, p. 489. C. Wibald. 336.

		die geraubten gueter wieder zugestellt wuerden.	Erhard, reg. Westf. n. 1769. Martène et Durand, ampl. coll. 2, 508. Orig. Guelf. 2, 549. Wedekind noten 1,115. S. unsern anhang n. l. **4**
1152 Mai 18	Merseburg	zeuge in urkunde koenigs Friedrich fuer Korvei. Steht nach Halberstadt, Strassburg, Zeitz, Prag, Paderborn, Minden, vor Havelberg, Meklenburg, Brandenburg.	Erhard, C. D. Westf. 2, 64—66 nach dem original. Schaten, ann. Paderb. 1, 551. Martène et Durand, ampl. coll. 21,613. Ludewig, rel. man. 2, 186. Boehmer, reg. n. 2305 als »ohne tag«. Mekl. U. B. 1, 45 n. 53. Janssen, Wibald, reg. n. 180. Fehlt bei Pruts, reg. Heinrichs d. L. **5**
o. t.	u. o.	Der von Hermann vertriebene abt Siegfried von Ulsen (Oldenstadt suedlich Lueneburg) wird von Wibald von Korvei Eugen III. empfohlen.	Jaffé, mon. Corb. n. 393, p. 524. C. Wibald. 364. Erhard, C. D. Westf. 2,66. n. 283. **6**
1153 Febr. 6	(Rom)	Die rechte der Verdener kirche werden von Eugen III. bestaetigt auf bitten H's. Gehoert hieher (s. Jaffé), nicht zu 1152 Jænner 6; vgl. n. 3.	Jaffé, reg. pont. Rom. n. 6708. »Pro VIII. id. Jan. (Sudendorf) legendum puto VIII. id. Febr.« **7**
1154 April	Goslar	zeuge in urkunde koenigs Friedrich, in welcher dieser dem herzoge von Sachsen, Heinrich d. L., die investitur d. ueberelbischen bisthuemer des Hamburger sprengels ueberbertraegt; er steht nach Wichmann von Magdeburg	Meklenburgisches U. B. 1, 46. n. 56. Nach dem facsimile des originals im Braunschweigischen archive in orig. Guelf. IV, præf. p. 6, abgedr. III, 470. Luenig, spic. eccl. II. Anh. p. 150. Schroeder, Wismar.

| 1154 | | und Bruno von Hildesheim als ep. Fardensis Herimannus, vor Wicher von Brandenburg, Berthold erw. von Zeitz und Wibald v. Korvei. Die angaben April und Goslar nach dem Mekl. U. B. 1, n. 56.
Hier heisst es: «Ueber das jahr der ausstellung (1154) ist folgendes zu bemerken. Da der urkunde die rekognition des kanzlers und das datum fehlen, so kann man sie als nicht vollzogen ansehen. Friedrich I. ward 1152 Maerz 5. in Frankfurt zum koenig gewaehlt und 1155 Juni 18. in Rom zum kaiser gekroent; zwischen diesen zeitpunkten ist die urkunde ausgestellt, in der er sich rex nennt. In der zeugenreihe sind nur Saechsische fuersten genannt, die urkunde muss also in Sachsen ausgestellt sein. (Muss nicht, aber wird!) Nach Boehmer, reg. p. 121—123 war koenig Friedrich in jenen jahren dort nur 2 mal gegenwaertig, 1152 und 1154. Dass nur das letzte jahr beruecksichtigt werden kann, zeigt der unter den zeugen vorkommende Bruno von Hildesheim, von dem es in der folgenden urkunde (n. 58.) d. d. Goslar 1154 III. non. Jun. (= Juni 3) heisst: primo anno Brunonis ep. i. Hildenesh.; | erstl. s. 37 und daraus bei Franck, altes und neues Meckl. 2, 28; Ungnade, amoen. dipl. hist. jur. p. 122; v. Westphalen, mon. ined. 2, 2020; im diplomat. Raceburg.; Harenberg, hist. eccl. Gandersheim. p. 829. Rehtmeier, Braunschweig-Lueneburg. chronik p. 317. Beschreibung d. stadt Goettingen 3, 284; v. Behr, rer. Meckl. p. 118; hist. nachricht vom fuerstenthum Schwerin s. 5. Lappenberg, Hamb U. B. 1, 178. Fehlt bei Boehmer reg., bei Prutz, reg. Heinrichs d. L., bei Fechner, reg. Wichmanns von Magdeburg. 8 |

| 1154 | und dass Wichmann hier bereits als erzbischof von Magdeburg bezeichnet ist, waehrend er sich in der voraufgehenden urkunde v. 8. Maerz 1154 (n. 55.) noch bischof von Naumburg nennt. (Das ist doch sehr auffallend, da Wichmann bereits 1152 als electus Magdeburg. bezeichnet wird, in urkunde bei Ludewig, rel. man. 2,469. Fechner, reg. Wichmanns n.9.) Ferner erkannte koenig Friedrich dem herzog Heinrich 1154 auf dem reichstage zu Goslar das herzogthum Baiern zu; da er nun hier nur herzog von Sachsen genannt wird, so muss man die urkunde in den anfang des reichstages zu Goslar (April) 1154 setzen. S. Masch, geschichte des bisthums Ratzeburg s. 37. n. 3. » Diese beweisfuehrung scheint uns doch immer noch etwas zweifelhaft, denn die bezeichnungen dux Bawariae, Saxoniae wechseln oft ganz willkuerlich, und dass von den zeugen nicht ohne weiteres auf den ausstellungsort geschlossen werden kann, zeigt u. b. die urk. erzb. Kristians v. Mainz 1175 Febr. 24 S. Cassiano bei Stumpf, act. Mag. sec. XII. n. 83 p. 86, 87, die nur Deutsche, so viel wir sehen, bezeugen. Vgl. schisma sum. 611 b. |

1155 o. t. u. o.		schenkt seiner kirche die haelfte des zehnten von Hasselwerder (im kirchspiel Neuenfelde grossgerichts Alten-Landes s. oestl. Stade) und beurkundet einen vertrag zwischen den domherren und dem dompropste Bernhard in betreff der aufkuenfte aus einem hofe in Hanstedt (kirchdorf im amte Winsen a/Leihe n. w. Bardewiek).	V. Hodenberg, Verd. G. Q. 2, 42 n. 21. Nach dem original im kgl. archive zu Hannover mit gut erhaltenem siegel. Chron. ep. Verd. ap. Leibniz, SS. rr. Brunsv. 2, 217. S. unsern anhang n. II. 9
1157 Juni 23	Goslar	zeuge in urkunde kaisers Friedrich fuer das kloster Walkenried, n. w. v. Nordhausen. Steht nach Bruno v. Hildesheim; von bischoefen sind nur diese beiden zeugen.	U. B des hist. vereins fuer Niedersachsen, 2. heft: die Walkenrieder urkk. 1, 16. Fehlt bei Boehmer, reg. 10
Aug. 3	Halle	zeuge in urkunde kaisers Friedrich fuer den propst Ludiger von Ichtershausen (zwischen Erfurt und Arnstadt). Steht nach Wichmann v. Magdeburg und Hartwich v. Bremen von den bischoefen zuerst; nach ihm Eberh. von Bamberg, Joh. v. Merseburg, Gerung v. Meissen, Gebhard von Wirzburg, Bruno von Hildesheim, rek. v. Reinald Nicht zu verwechseln mit einer gefaelschten urkunde desselben datums, bei Stumpf, act. Mag. n. 62.	Stumpf, acta Mag sec. XII n. 61, s. 62 u. 63. Nach der kopie des Gothaer or. in den abschr. Ichtershausener urk. fol. 121 im archiv zu Rudolstadt. Fehlt bei Boehmer, reg. 2 weitere zeugenschaften Hermanns am 3. Aug. zu Halle ergaben sich noch nachtraeglich aus Boehmer act imp. o. 100, 101. S. die zusaetze. Fehlen beide bei Boehmer reg. 11

Tourtual, Hermann von Verden.

1157 Aug. Sept.	Polen Krzyskowo bei Posen	nimmt daher wohl jedenfalls am feldzuge gegen die Polen theil, auf dem man gelangt bis	Ueber den Polenfeldzug Jaffé, mon. Corb. p. 601; vgl. Rag. u. Vinc. Prag. 12
1158 Mai 21	Verden	ordnet die einkuenfte des propstes und der domherren zu Bardewiek.	Ex dipl. Bardewic. manuscripto Orig. Guelf. 3, 477 (vgl. Weiland, das Saechsische herzogthum unter Lothar u. Heinrich d. L. s. 127 anm. 2.). Pfeffinger, historie des Braunschweig-Lueneburg. hauses 2, 947. Schloepken, chron. Bardow. p. 186. Mekl. U. B. 1, 56 n. 64 regest mit zeugen. 13
	Lueneburg	zeuge in urkunde herzogs Heinrich d. L., in welcher er dem bisthum Ratzeburg grosse freiheitsrechte ertheilt. Steht nach Evermod v. Ratzeburg, Gerold von Luebek, Berno von Schwerin.	Fehlerhaft gedr. bei v. Westphalen, mon. ined. 2, 2030; Schroeder, papist. Meckl. 1, 364; Frank, altes und neues Meckl. 2, 243; Kluever, beschreibung des herzogth. Meckl. 1, 350. Gruendliche nachricht von Muellen (1740 fol.) beil. 21. Orig. Guelf. III. præf. p. 44. Ludewig rel. man. 6, 233; Pfeffinger, historie des Braunschweig - Lueneburg. hauses 2, 673; Lappenberg, Hamb. U. B. 1, 199; v. Hodenberg, Lueneburger U. B. VII, 1, s. 16. Mekl. U. B. 1, 56 n. 65 nach dem orig.

1158			
			im Ratzeburger archiv zu Neu-Strelitz, mit facsimile und eingehender untersuchung der echtheit. Das sind auch alle uebrigen drucke angegeben. 14
v. Juli 6	Trient	zieht mit kaiser Friedrich nach Italien (Verona).	Rag. 1, 25. Die ann. Med. maj. SS. 18, 365 lassen den kaiser am 6. Juli nach Verona kommen, s. Tourtual, Mailaenderkrieg s. 16, anm. 35 a. 15
Juli 10	am Mincio zwisch. Volta u. Valeggio	zeuge in urkunde kaisers Friedrich I. fuer das zu ehren des erloesers u. aller heiligen zu Mantua erbaute hospital. Steht nach Bamberg u. Wirzburg, vor Eichstaedt u. Prag.	Acta imp. n. 104. aus dem orig. i. arch. dipl. zu Mailand. Erst spaeter aufgefunden, daher ohne fortlauf. nummer. Fehlt bei Boehmer reg. 15 a
Juli mitte	Brescia	dann ueber	Vinc. Prag. SS. 17, 669. Ann. Med. maj. SS. 18, 365. Otto Mor. SS. 18, 603.
Juli 23	Blanchanuda	nach	Ann. Med. maj. SS. 18, 365; min. SS. 18, 394.
Juli 23	Kassano an der Adda uebergang ueber die Adda	jedenfalls im kaiserl. heere.	Otto Mor. SS. 18, 603.
Jul. 25—30	vor Trezzo?	belagerung.	Tourtual, M. K. s. 28.
Juli 30	bei Mailand	wohl beim kaiser.	s. M. K. s. 28, anm. 48.
Juli 31— Aug. 5	Alt-Lodi	lagert jedenfalls im kaiserlichen heere.	s. M. K. s. 28—30.
Aug. 2	Alt-Lodi	wohl in der fuerstenversammlung, vor der die Lodesen klage fuehren u.	Vinc. Prag. SS. 17, 671 Otto Mor. SS. 18, 604.

1158 Aug. 4 Aug. 5	S. Donato, Cassino Thomacli	bei der bannung Mailands.	Vinc. Prag das. Vinc Prag das Otto Mor. SS. 18, 605. Nicht 6. Aug wie Raumer. 16
Aug. 5	vor Mailand	rueckt mit dem kaiserl. heere vor Mailand.	Tourtual, M. K. s. 30.
Aug. 6	vor Mailand	im kaiserlichen heere, welches die stadt enge einschliesst	Vinc. Prag. SS. 17, 673. Tausch. p. 118. 17
o. t.	in devast.tione Mediolani apud Ticinum	zeuge in kaiserlicher urkunde fuer den kardinal Oktavian und seine brueder Otto, Gotfried, Suliman.	Gamurrini, familie nobili Toscane ed Umbre, 2, 306. Schlechter abdruck. Fehlt bei Boehmer, reg. 18
n, Aug. 12	Ravenna	zugegen bei der wahl Guidos von Biandrate zum erzbischofe von Ravenna, als kaiserlicher gesandter.	Rag. 2, 15. 19
	Rom	nach Rom gesandt vom kaiser, um die bestaetigung Guidos, des erwaehlten von Ravenna, vom papste zu erwirken, zwischen Aug. 12. und Novb. 11.	Rag 2, 16 u. 17. Tourtual, schisma s. 198. anm. 293. 20
Novb. 11—25	Ronkalia	zugegen auf dem reichstage, genannt nach Bamberg, Eichstaedt, Prag, Wirzburg.	Rag. 2, 8. 21
Novb. 29	in plano Grayniano juxta Placentiam	zeuge in kaiserlicher urkunde fuer Siena. Steht nach Bamberg, Wirzburg, vor Prag.	Archiv d. ges fuer aelt. Deutsche geschichtskunde. 5, 328. Boehmer reg. n. 2409. 22
1159 v.Jaen.12	Pavia Piacenza Kremona	wird vom kaiser in die genannten staedte gesandt mit anderen, um die Ron-	Vinc. SS. 17, 675. 676. Tauschinski p.123. Betreffs der reihenfolge und des ein-

1159	Neu-Lodi Mailand	kalischen beschluesse zur ausfuehrung zu bringen.	zelnen Tourtual, M. K. s. 70. ff. text und anmerkungen. **23**
anfang	Turin? Vercelli	kehrt zum kaiser zurueck. zeuge in kaiserlicher urkunde fuer die kanoniker von S. Alexander zu Bergamo. Steht nach Eberhard v. Bamberg, Anselm v. Asti, Uguccio v. Vercelli, vor Gerhard v. Bergamo.	S. ob. s. 28 anm. 95. Lup. C. D. Bergom. 2, 1165. Fehlt bei Boehmer; vgl. Tourtual, schisma s. 224 anm. 338 c. **24**
Febr. 2	Occimiano bei Vercelli	auf dem reichstage, auf dem sich der kaiser ueber den friedensbruch der Mailaender beklagt. Vor ihm Bamberg, Eichstaedt, Freising, nach ihm Prag.	Rag. 2, 23. Betreffs des ortes s. Tourtual, M. K. s. 77 anm. 174 b, s. 78 anm. 178. **25**
Febr. 18	Marengo	zeuge in urkunde fuer die Freisinger kirche, in gegenwart des kaisers.	Verci, Ecelini 3, 37. In der aeltesten ausgabe desselben 1, 353 falsch zum 11. Februar im text. Meichelbeck, hist. Frising. 1, 353, nach Dobner, ann. Hajec. 6, 400 n. a. Fehlt bei Boehmer. **26**
Juni 25	Imola, in claustro S. Mariae de Regola.	intercedirt in kaiserlicher urkunde fuer Imola. Hiehin gehoert auch vielleicht das placitum Hermanns bei Rossi von 1159 Juni 28.	Savioli, ann. d. Bologna 1, b 257. Ughelli 2, 627. Boehmer, reg. n. 2420 **27**
Aug. 1	Neu-Lodi	zeuge in kaiserlicher urkunde fuer bischof Konrad von Eichstaedt, welcher kirche Rebdorf geschenkt wird.	Falkenstein, C.D. Nordg. 37. Luenig, reichsarchiv 17, 207 mit 1158. Boehmer, reg. n. 2423. Erben, reg. Bob. p. 133. n. 299. **28**
Aug. 1		zeuge in kaiserlicher urkunde fuer S. Peter von Modena.	Murat. antiq. 6, 247. Margarini, bull. Cass. 1,16. Boehmer, reg. n. 2422. **29**

1159 Okt. 23.		vor Krema	wird mit Daniel von Prag aus dem kaiserlichen lager vom kaiser an die beiden Roemischen erwaehlten abgesandt, um sie vor die Paveser kirchenversammlung zu laden. · Das kaiserliche schreiben, das die beiden bischoefe Alexander III. einhaendigen sollten, trug das datum Okt. 23.	Rag. 2, 54, 55. Pertz LL. 2, 118. Ep. imperat. ad Eberh. Saltzb. Rag. 2, 69; ep. præs. conc. Rag. 2, 70 (nicht namentlich aufgefuehrt in ep. canon. S. Petri Rag. 2, 66). Ann. Col. max. bei Boehmer ff. 3, 435, daraus die chronik des Florenz v. Wewelinkhoven in d. Muensterschen chroniken hgg. v. Ficker s. 25 ob. Otto Morena SS. 18, 621. Vita Alex. bei Watterich 2, 382. Vgl. Tourtual, schisma s. 223 anm. 338 a. 80
n. Nov. 8 Dez.		Anagni Segni	bei Alexander III. bei Viktor IV.	Vit. Alex. Watterich 2, 382. Schisma s. 234. 81
Dez. 5		(Vetrallæ s. Viterbo)	De statu et proposito nostro H. Verdensis et D. Prag. venerabiles episcopi te plenius certificabunt, schreibt Viktor IV. an den abt Heinrich von Lorsch.	C. D. Lauresham. 1, 259. 82
1160 Febr. 5—11		Pavia	auf d. kirchenversammlung.	Ep. præs. conc. bei
o. t.		Pavia	unterschreibt die beschluesse der kirchenversammlung. Betreffs falscher angaben ueber den tag der anerkennung s. Tourtual, schisma s. 267, 268 anm. 422.	Rag. 2, 70. Pertz LL. 2, 127. Uratisius p. 553. Goldast, const. imp. 1, 273. Mansi conc. 21, 1118. Murat. SS. rr. Ital. 6, 846. Watterich, vit. pont. Rom. 2, 489. Texte noch bei Brown. und Martène anecd. 1, 447. Ueber ihre verschiedenheit s. Reuter, G. A. III. 1, 512. 83

1160				
Febr. 12	Pavia	jedenfalls b. der inthronisation Viktors IV.	Rag. 2, 70 u. a.	**84**
Febr. 13	Pavia	jedenf. bei der bannung Alexanders III.	Rag. 2, 70 u. a.	**85**
Febr. 16	Pavia	zeuge in kaiserl. urkunde fuer den patriarchen von Aglei. Steht nach Feltre, Bamberg, Prag, Merseburg. Nicht Febr. 15, wie Boehmer reg 2438 und Ficker, Reinald, reg. n. 79 haben, s. Tourtual, schisma s. 270 anm. 432; Febr., nicht April, wie Ughelli, Dumont und Raumer, II. St. 2, 135 anm. 2 s. Tourtual das.	Ughelli, It. s. 5, 151. Dumont, C. D. 1, 85 n. 141. Boehmer, reg. n. 2438.	**36**
1160 1161		nach Spanien gesandt?	S. den exkurs.	
Juni 19—22	Neu-Lodi	zeuge in kaiserl. urkunde fuer kloster Kappenberg. Steht nach d. bisch. v. Muenst., Luettich, Utrecht, Minden, dem Paderborner Bevirgisus (Evergis), vor Albero von Verdun u. Guillimar von Brandenburg als Helimannus Uerdensis.	Hugo, ann. Praem. 1, 373. Kindlinger, Muenst. beitr. 2, 191. Boehmer, reg. n. 2447. Erhard, C. D. Westf. 2, 96, falsch zu 1162 gesetzt, indem er devastatio Mediolani mit destructio verwechselt. Die urkunde traegt ausdruecklich das datum Laude in generali concilio.	**87**
(Juni)	(Lodi)	zeuge in urk. kais. Friedr. I., in welcher dieser den bischof Gaufred von Grenoble mit dessen kirche in seinen schutz nimmt und ihm die regalien und alle sonstigen besitzungen bestaetigt. Steht von allen zeugen zuerst; auf ihn folgen: Syrus Papiensis ep. Stephan. Viennensis a e p. (!) Gaufredus Cavalionensis ep.	Act. imp. n. 110 nach dem drucke Pérard recueil de plusieurs pièces curieuses servant à l'histoire de Bourgogne (Paris 1664) s. 240. «Wohl sicher auf dem konsile zu Lodi im Juni ausgestellt, wo der erzbischof v. Vienne u. andere Burgund. bischoefe anwesend waren (Wirtemb. U. B. 2, 134) u.	

1162 o t. u. o., aber celebrata jam superexcellentissima invictissimi predicti imperatoris F. victoria de Mediolano civitate famosissima		zeuge in urk. erzbischofs Hartwich von Hamburg, in welcher dieser die Elbe und die Bille als grenzen des Ratzeburg. bisth. bestimmt u. letzterem verschiedene doerfer beilegt. Steht unter den zeugen zuerst, nach ihm Gerolt von Altenburg und Bernu von Meklenburg.	auch Juni 22. ein privileg fuer Avignon ausgestellt wurde; die zeitangaben stimmen damit.» Fehlt bei Boehmer, reg. Erst spaeter aufgefunden, daher ohne fortlaufende nummer. **37a** Von Westphalen, mon. ined. 2, 2039. Schroeder, papist. Mecklenburg 1, 407. Von Hodenberg, Lueneburg. U. B. 7, 1 s. 18. Lappenberg, Hamb. U. B. 1, 208 n. 224. Mekl. U. B. 1, 71 n. 75. Nach d. im bisch. Ratzeb. archive zu Neu-Strelitz befindl. originale. **38**
Juni 9	Pavia	zeuge in urkunde kaisers Friedrich I. fuer Genua. Irrig mit Juni 5 Boehmer, reg n. 2459.	Mon. hist. patr. 1, 207. Liber jur. Gen. 1, 210. Murat. ant. 4, 253. Senckenberg Genua p. 222. **39**
Juni 10	Pavia	zeuge in zwei kais. urkk. fuer Henrico Verci, markgrafen von Savona. Unterschrieben als «Sardensis» bei Dumont, als Fardensis bei Senckenberg, Genua p. 228.	a) Mémoires sur Gênes 26. Luenig, C. D. Ital. 1, 2115. Boehmer, reg. n. 2460. Dumont, C. D. 1, n. 144. Moriondi, mon. Aqu. 1, 330. **40** b) Dumont, C. D. 1, n. 143. Fehlt bei Boehmer. **41**
Juni 30	in terr. Bonon.	zeuge in kaiserl. urkunde fuer S. Viktor v. Bologna auf dem Berge.	Savioli, ann. di Bologna I, b, 264. Boehmer reg. n. 2462. **42**
gegen Novb. 30	nach Italien	vom kaiser gesandt als kaiserlicher bevollmaechtigter, ut de omnibus causis	Acerbus Morena SS. 18, 640. **43**

1162 1163	Lodi Mark	Italie, tam de principalibus, quam de litibus appellationum sua vice cognosceret.... Qui et ipse partim Laude partimque in aliis tam Marchie quam Lombardie civitatibus... mandatum imperatoris adimplebat.		
1163 März 3	Modena	Vor H. als imperialis vicarius et legatus laesst das kloster S Thomas v. Reggio durch seine nonne Adelasia klage vorbringen gegen Konrad, olim Henrici regis filium (!) und Ubert, curator, wegen einer besitzung dieses Ubert, die Konrad diesem kloster molestabat nec sinebat quiete possidere. H pro tribunali sitzend haelt nun gericht mit Ugo Speronus, Guibert de Bernardo und Albert, imperialis aulæ judices Die richter befehlen, das kloster nicht zu belaestigen, in gegenwart des bischofs und erzpriesters von Modena.	Murat. ant. 1, 477.	4½
März 7	Parma	richtet als kaiserl. vicarius ad justitiam faciendam in Parma mit den hofrichtern Ugo Speronus, judex von Piacenza, Guibert, judex von Kremona, Albert (Adigherius) judex von Ferrara. Die kanoniker von Parma klagen ueber Oddo von S. Quiriko, wegen vorenthaltung von ¼ der curtis von S Secondo, die Mathilda	Affò, stor. di Parma 2, 375.	4⅗

1163				
		comitissa (von Tuszien) einst zur prekarie inne hatte. Da der betreffende auf die ladung nicht erscheint, investirt der bischof die kanoniker legitimo jure servato. Zeugen von keiner bedeutung.		
Apr. 23	Parma? o. o.	wieder erwaehnt als kaiserl. vikar ad justiciam faciendam.	Affò, stor. di Parma 2, 377.	46
Mai 28	vor S. Maria de Saltu auf d grenze der geb. v. Ravenna u. Ferrara	hebt als legat Fr. I. auf bitten der kirche v. Rav. die investituren der gueter in der villa v. Porto u. de insula Saltus sub nomine comitatus auf.	Rossi, stor. di Rav. p. 340 mit 1159, wo allerd. der ks. April zu Bologna und Juni zu Imola war. S. M. K.	
Aug. 13	o. o.	zwischen H. und Hartwich von Bremen schlichtet kaiser Friedrich einen streit dahin, dass Hartwich alle besitzungen in den bruechen der Verdener kirche dieser abtreten muss, und befiehlt propst, dechanten, domkapitel und dienstmannen der Verdener kirche, derselben diese besitzungen zu erhalten.	Chron. ep. Verd. bei Leibniz, SS. rr. Brunsv. 2, 217. Von Hodenberg, Verd. G. Q. 2, 43 n. 22. Fehlt bei Boehmer, reg.	47
e. t.	u. o.	schenkt seiner kirche den zehnten zu Roestede und Tunderlinge.	Chron. ep. Verd. bei Leibniz, SS. rr. Brunsv. 2, 217.	48
Okt. 29	Lodi	erscheint wieder mit dem kaiser in Italien. Nicht Okt. 28, wie Reuter, G. A III. falsch hat, denn es heisst zwar 4. kal. Novb., aber ausdruecklich die Lune. Daher auch bei Pertz am rande der 29. Okt. angenommen.	Acerbus Morena SS. 18, 642.	49

1163				
Novb. 4	Lodi	jedenfalls zugegen bei der erhebung der gebeine des h. Bassian.	Acerbus Morena SS. 18, 642.	50
Novb. 16	Pavia?	Der kaiser dahin cum universo exercitu suo. Il auch?	Acerbus Morena SS. 18, 642.	51
Novb. 27	Pavia	zeuge in kaiserl. urkunde fuer die kirche S. Salvator u. Julia zu Piacenza, mit Reinald v. Koeln u. Konrad v. Mainz.	Margarini, bull. Cass. 2, 179. Fehlt bei Ficker, Reinald, reg. Boehmer, reg. n. 2480. Stumpf, reg. Konr. XIX.	
Dez. 2	Pavia	zeuge in kaiserl. urkunde fuer die kirche S. Nazario von Pavia.	Robolini, notizie storiche di Pavia, 3, 37. Fehlt bei Boehmer, reg.	52
Dez. 6	Monza	zeuge in kaiserl. urkunde fuer die kirche S. Zeno von Verona.	Boehmer, reg. n. 2482 nach anfuehrung bei Ughelli It. s. 5, 799. Vollst. bei Biancolini, notizie d. chiese di Verona. Murat. ant. 6, 245.	53
1164 1165				
Febr. 26	Altenburg	zeuge in kaiserl. urkunde fuer die mit der villa Prezuz (Presez, Preske oder Prictiz?) beschenkte Meissner kirche. Steht vor Prag, Meissen und Merseburg.	Buenau, leben kaiser Friedrichs s. 427. Boehmer, reg. n. 2499. Erben, reg. Boh. p. 137 n. 312. Gersdorf, C. D. Saxoniae sup. 1, 58.	54
o. t.	u. o.	zeuge in kaiserl. urkunde betreffend die anlage einer wasserleitung in terra Nieda, als Heimannus, Ferdensis ep Er ist der erste zeuge der urkunde, dann folgt Eberhard, erw. v. Regensburg, der einzige bischoefl. zeuge ausser Hermann.	Erben, reg. Boh. setzt diese urkunde zwischen die von 1165 Febr. 26 zu Altenburg und die von 1165 Apr. 17 zu Frankfurt ausgestellte (Boehmer, reg. n. 2501) als n. 313. Luenig, reichsarchiv 4, 127. Boczek C. D. Mor. 1, 275. Fehlt bei Boehmer reg.	55

1165 Mai 24	Wirzburg	leistet den schwur.	Ep. amici bei Bouquet, 15, n33. Mansi, conc. 21, 215. Ep. S. Thomae bei Giles, ap. 2, 264. Vgl. Tourtual, schisma s. 329 anm. 573.	56
um 1165 Sept.	Worms?	stellt eine anfrage an kaiser und kurie betreffs des mobiliarnachlasses d. Verdener bischofs.	Von Hodenberg, Verd. G. Q. 2, 44 n. 23 Pertz LL. 2, 140. Fehlt bei Boehmer, reg. Vgl. Boehmer, reg. n. 2508.	57
wohl 1166		Heinr. d L. sagt in urk. v. 1167: terminos episcopatus Raceburg. ex omni parte distinximus, presente et nobis etiam consentiente domino Hermanno Verdensi episcopo; da nun Hermann unter den zeugen nicht erscheint, so wird seine zustimmung schon frueher, wohl 1166, erfolgt sein.	Von Westphalen, mon. ined. 2, 2040; Guden 1, 257. (Wedekind not. 1, 115). Schroeder, papistisches Mecklenburg 1, 427; Ludewig, rel. 6, 240; Franck, altes und neues Mecklenburg 3, 97; Kluever, beschreibung des herzogthums Mecklenburg 1, 368; orig. Guelf. III Praef. p. 43; Lappenberg, Hamb. U. B. 1, 214 im auszuge; Mekl. U B. 1, 82 n. n8 nach dem originale im bischoeflich Ratzeburgischen archive in Neu-Strelitz	58
1166 Novb.	S. Eufemia bei Brescia	zieht mit dem kaiser nach Italien, lagert jedenfalls im heere des kaisers, ist auf diesem zuge kaiserlicher hofrichter fuer ganz Italien.	Ann. Brix. rez. B. SS. 18, 813. S. Tourtual, schisma s. 350, 351 anm. 630. — Vinc. Prag. SS. 17, 683. Tausch. p. 138.	
Dez. 25	Bagnolo bei Brescia	feiert wohl d. Weihnachtsfest im kaiserlichen lager; ebenso	Vinc. Prag. SS. 17, 683.	

1167			
Jænn. 6	Bagnolo	Epiphanie.	Das.
Jænn. 11	Lodi	Aufbruch nach Rom.	Anon. Laud. cont. SS. 18, 645.
Jænn. 23	Piacenza?	beim kaiser?	Vgl. Tourtual, schisma s. 352, 353 u. das folg. reg.
Jænn. 27	Parma	zeuge in kaiserl. urkunde.	Boehmer, act. imp. nach mitth. Cohns. Fehlt Boehmer, reg. **59**
Febr. 1	Reggio?	beim kaiser?	Vgl. Tourtual, schisma s. 352, 353.
o. t.	Pavia	vom kaiser nach Pavia gesandt, um die Pavesen in ihrer treue gegen kaiser und reich zu befestigen.	Vinc. Prag. SS. 17, 683. Tausch. p. 138. **60**
Mærz 4	Imola	weiht den Mainzer erwaehlten, den grafen Kristian von Buch zum presbyter, den erwaehlten von Ravenna, Guido, den sohn des grafen Guido von Biandrate, den von Regensburg (Eberhard Suevus) und viele andere zu diakonen.	Vinc. Prag. SS. 17, 683. Tausch. p. 137, 138. **61**
April 23	bei Rimini	zeuge in kaiserl. urkunde fuer d. markgrafen Heinrich Verci von Monte S. Maria und seinen bruder Ugolin; steht von allen bischoefen zuerst: vor Prag, Luettich, Zeitz, Speier, Strassburg, Basel, Kremona, Lodi.	Murat ant. 1, 317, 318. Boehmer reg. n. 2525. **62**
Mai	Ankona	nimmt theil an der belagerung der feste.	Vinc. Prag. SS. 17, 683. Tausch. p. 138. **63**
Aug. 1	Rom	zeuge in kaiserl. urkunde fuer Reinald von Koeln. Lacomblet bemerkt aber N.	Guenther, C. D. Mosellanus, 1, 391. Kindlinger, Muenst. beitraege 3, 61.

1167			
		R. U. B. 1, 296 anm. 1: Der aus einer alten abschrift genommene abdruck bei Guenther C. D. 1, 391 hat irrig III. kal. Aug. (= Juli 30), auch in dem texte und vorzueglich in den namen der zeugen eine menge unrichtigkeiten. Bei Lacomblet nun erscheint H. nicht unter den zeugen.	Boehmer, reg. n. 2526 mit Juli 30.
Aug. 11	ort unbek.	†.	Vit. Alex. 459, b. Helmold, chron. Slav. 2, 10. App. 3 ad Radev. falsch zu 1168. Necrolog. S. Michaelis Luneburg. bei Wedekind, noten III. gibt allein den richtigen todestag. Falsch III. kal. Aug. statt III. id. Aug. das chron. ep. Verd. bei Leibniz SS rr. Brunsv. 2, 217. 64

Wegen vorgeschrittenen druckes konnten nicht mehr eingefuegt werden:

1157 Aug. 3 Halle. H. zeuge in urk. kaisers Friedrich I., in welcher dieser dem kloster Pforte die demselben vom grafen Heinrich von Buch schon frueher und nun nochmals unter zurueckweisung der ansprueche des Sigebodo von Schartfeld durch die hand des kaisers geschenkte villa Odesford bestaetigt und dem kloster gestattet, mit reichsdienstmannen tausche einzugehen, wenn der nutzen dabei auf seite des reiches. Steht von den bischoefen zuerst, vor Eberhard von Bamberg und Johann von Merseburg. Unter den weltlichen zeugen Heinrich, herzog

v. Sachsen und Baiern, markgraf Adelbert, Otto pfalzgraf v. Wittelsbach, markgraf Theoderich, Heinrich und Dedo seine brueder, Kono von Wippern, graf Sitzo u. s. w. et alii innumerabiles ad expeditionem Polonicam se in unum conglomerantes. — Boehmer, act. imp. n. 100 aus einem kopialbuche des 13. jahrhunderts bl. 15 zu Schulpforte.

1157 Aug. 3 Halle. II. zeuge in urk. kaisers Friedrich I., in welcher dieser dem kloster Pforte die demselben von Sigebodo von Schartfeld streitig gemachte besitzung zu Nuenhegen und das von reichsministerialen eingetauschte reichsgut Volkoldesroth bestaetigt.

Stellung und zeugen bis Kono von Wippern einschliesslich dieselben. — Act. imp. n. 101 aus einem kopialbuche des 13. jahrhunderts bl. 12 zu Schulpforta.

Ueber die von uns bei anfertigung dieses aufenthaltsnachweises befolgten grundsaetze haben wir uns schisma, exkursheft s. 202 ff. ausgesprochen, ebendaselbst s. 205, 206 ist bereits angegeben, wie sich die urkunden, in denen unser bischof Hermann vorkommt, vertheilen in bezug auf die aussteller, wobei nur die spaeter aufgefundenen urkunden nicht mehr beruecksichtigt werden konnten.*) Was wir von d. Verdener geistlichkeit kennen, beschraenkt sich wohl auf das s. 20 angefuehrte, wenn wir dazu den kapellan Hermanns, Hugo, hinzufuegen (s. s. 52). Entweder der domherr Hugo (s. 20) oder dieser kapellan scheint Hermanns nachfolger gewesen zu sein.

---

*) Bei aufstellung der tafel, schisma s. 211 war uns nur die zahl der dort aufgefuehrten nummern bekannt. Dazu kommen einige spaeter aufgefundene.

Reihen wir die aufenthaltsorte Hermanns v. Verden aneinander:

Merseburg	Imola
Goslar	Neu-Lodi
Goslar	Neu-Lodi
Halle a/Saale	Krema
Halle a/Saale } s. 70, 71.	Anagni
Halle a/Saale	Segni
Krzyskowo bei Posen	Pavia
Verden	Pavia
Lueneburg	Pavia
Augsburg?	Pavia
Trient	Pavia
Mincio zw. Volta u. Valeggio	Neu-Lodi
Brescia	Lodi
Blanchanuda o. Mailand	Pavia
Kassano a/Adda	Pavia
Mailand	Bologna, gebiet v.
Alt-Lodi	Lodi
Alt-Lodi	Modena
S. Donato } s. Mailand	Parma
Cassino Thomaeli	S. Maria de Saltu
Mailand	zw. Rav. u. Ferrara
Mailand	Lodi
Pavia	Lodi
Ravenna	Pavia
Rom	Pavia
Ronkalia	Monza
Grayniano, ebene bei Piacenza	Altenburg
Pavia	Wirzburg
Piacenza	Parma
Kremona	Pavia
Neu-Lodi	Imola
Mailand	Rimini, gebiet v.
Turin?	Ankona
Vercelli	Rom.
Occimiano bei Vercelli	
Marengo	

Alphabetische ordnung der aufenthaltsorte Hermanns von Verden:

Altenburg
Alt-Lodi
Anagni
Ankona
Augsburg
Blanchanuda oestlich Mailand
Bologna
Brescia
Cassino Thomaeli
S. Donato a. Mailand
Goslar
Grayniano
  ebene bei Piacenza
Halle a/Saale
S Jean de Losne
Imola
Kassano a/Adda o. Mailand
Krema
Kremona
Krzyskowo bei Posen
Lodi, Alt- u. Neu-
Losne, S. Jean de
Lueneburg
Mailand
Marengo
S. Maria de Saltu
  zw. Rav. u. Ferrara
Merseburg

Mincio
Modena
Monza
Neu-Lodi
Occimiano bei Vercelli
Parma
Pavia
Piacenza
Planum Graynianum
  bei Piacenza
Posen, a. Krzyskowo
Ravenna
Rimini
Rom
Rookalia
Salta, S. Maria de
S. Donato, a. Mailand
Segni
S. Maria de Saltu
Tomacli Cassine
Trient
Turin
Valeggio, zw. V. u. Volta
Vercelli
Verden
Volta, zw. V. u. Valeggio
Wirzburg.

Wie sich die aufenthalte Hermanns auf die einzelnen laender vertheilen, haben wir im exkursheft zum schisma s. 211 gezeigt, wo uns freilich noch nicht alle auf ihn bezueglichen urkunden bekannt waren und wo es unter Deutschland 10 statt 11, unter Burgund 0 statt 1, unter reich 60 statt 62, unter summa 61 statt 63 heissen muss. Die wenigen spaeter aufgefundenen urkunden aendern dies verhaeltniss nur wenig.

Tourtual, Hermann von Verden.

Exkurs.

Die sendung Hermanns von Verden nach Spanien.

Betreffs der sendung Hermanns von Verden, des genossen und freundes des Prager bischofes, sehen wir uns fast in noch groessere verlegenheit versetzt, als betreffs der frueheren sendung eines anderen genossen, Garsidonius von Mantua,[1]) an die beiden erwaehlten Roemischen bischoefe und nach England,[2]) und der gesandtschaft des pfalzgrafen Otto von Wittelsbach.[3]) Denn wurde dort im 1. und 3. falle der name des gesandten doch wenigstens von einer, wenn auch hoechst unzuverlaessigen quelle ueberliefert, konnte diese nachricht im 1. falle auch wenn nicht zur wahrscheinlichkeit erhoben, so doch als nicht unglaubwuerdig an und fuer sich, im 2. falle als ganz wahrscheinlich, im 3. als unglaubwuerdig bezeichnet werden, so scheint es betreffs dieser sendung mit unserer ueberlieferung und mit einer entscheidung viel schlimmer zu stehen. Behauptet wird sie von Ficker[4]); Raumer[5]) erwaehnt

---

[1]) S. schisma s. 223, 224 anm. 338 a.
[2]) S. schisma 275—277 anm. 446.
[3]) S. schisma, 2. exkurs, s. 13—24.
[4]) Reinald §. 15, s. 36: «Um die anerkennung (Viktors) zu bewirken, schickte der kaiser nach beendigung des konzils Herman (so) von Verden nach Spanien, Daniel von Prag nach Ungarn» u. s. w. ohne anfuehrung seiner quelle.
[5]) H. St. 2, 132, 133.

eine gesandtschaft nach Spanien gar nicht, indem er sich an die darstellung des Vincenz [6] haelt, der eine solche nicht meldet; Reuter [7] nennt nun aber statt Hermanns von Verden Albert von Verdun. Er fuehrt an als quellen: 1) Viktoris IV. epist. ad Albertum bei Baluz, Miscell. 3, 8. 2) Die ep. cuj. viri relig. bei Ragewin 2, 72 und 3) den Vincenz. Letzterer meldet, wie bemerkt, gar keine gesandtschaft nach Spanien, sondern sagt: His ita perfectis (kirchenversammlung von Pavia, anerkennung Viktors IV., bannung Alexanders III.) per diversa regna ad diversos reges, qui hoc [8]) annuntient et confirment, diversi mittuntur nuntii. Coloniensis archiepiscopus [9]) in Franciam ad regem Francie [10]), Mantuanus [11]) in Angliam, Daniel Pragensis episcopus in Ungariam ad regem Ungarie [12]) mittitur, et alii nuntii in diversas regiones [13]) mittuntur. Es ist also Spanien von Vincenz nicht ausdruecklich genannt, sondern koennte nur in dem allgemeinen diversæ regiones enthalten sein. Schon der umstand, dass der kapellan unseres bischofs, der Hermann so nahe stand, von dessen sendung nichts meldet, obwohl er zum jahre 1167 eine wohl viel unwichtigere desselben nach Pavia uns berichtet, [14]) dagegen die des Mantuaners ausdruecklich

---

[6]) SS. 17, 679. Tausch. p. 130.
[7]) G. Alex. III., 1, 125.
[8]) Tausch. lec.
[9]) Reinald.
[10]) Louis VII.
[11]) Garsidonius.
[12]) Geisa II.
[13]) Spanien, Daenemark, Boehmen nennt Rag. 2, 74 ausser England, Frankreich und Ungarn, s schisma s 275 anm. 444.
[14]) SS. 17, 683 l. 42. Tausch p. 138: qui Papiam ab imperatore, ut eos (so) consilio suo in fide erga imperatorem stabiles ef-

unter den andern hervorhebt, der ihm doch wohl lange nicht so nahe stand und den er auch nicht bei den uebrigen gelegenheiten, sondern nur hier, nennt, muss uns betreffs einer sendung Hermanns von Verden ueberhaupt bedenklich machen. Waehrend nun die zweite von Reuter angefuehrte quelle, die ep. Victoris IV. ad Albertum nichts ueber eine sendung nach Spanien enthaelt, [15]) so sagt die ep. cuj. viri rel. bei Ragewin, [16]) dass der bischof von Verdun nach Spanien geschickt wurde. [17]) Sein bericht stimmt mit dem des Vincenz ueberein, nur dass Vincenz die sendung des Mantuaners nach England statt des Verduners nach Spanien meldet. Und in der that, der geographischen lage nach haette man dem Verduner eine gesandtschaft nach Spanien wohl eher auftragen moegen als dem Verdener, fuer den Daenemark weit gelegener gewesen waere. Da wir wissen, dass auch dahin eine gesandtschaft abging, [18]) so ist eine sendung Hermanns an Waldemar durchaus nicht als ganz unwahrscheinlich zu verwerfen, aber freilich auch, da sie nirgendwo bestimmt gemeldet wird, ebensowenig als wirklich sicher anzunehmen. Denn dass

---

ficiat missus fuerat (sc. Ermannus Verdensis). Vgl. schisma s. 345, 346 anm. 616.

[15]) So der inhalt nach Jaffé, reg. pont. n. 9378: Alberto, episcopo Virdunensi, concedit ut ecclesiam S. Michaelis absolvat interdicto. Transactionem inter monasterium S. Michaelis et ecclesiam S. Dionysii factam confirmat. Baluz miscell. 3, 8. Calmet, hist. de Lorr. II. Pr. 359. «Justa postulantium.»

[16]) 2, 72, ad ep. Saltzb.

[17]) Die worte lauten: Pro confirmandis omnibus, quae facta sunt, mittuntur legati: dominus Coloniensis in Franciam, Verdunensis in Hispaniam, Pragensis in Ungariam. Gleichlautend in der vita Alex. Watterich 2, 472, aus dem briefe des propstes Heinrich von Berchtesgaden

[18]) Ragewin 2, 74 s. schisma s. 275 anm. 444.

Hermann gar keine gesandtschaft uebernommen haben sollte, wie man aus dem schweigen des Vincenz [19]) fast vermuthen koennte, will uns doch auch nicht recht wahrscheinlich vorkommen; war Hermanns theilnahme am schisma doch eine ganz besonders hervorragende, war er doch ein bevorzugter vertrauter des kaisers; ausserdem haben wir Vincenz schon oefters bei den wichtigsten dingen schweigen sehen, [20]) gerade auch ueber die gesandtschaft Daniels und Hermanns an die beiden erwaehlten Roemischen bischoefe. Die grossen Koelner jahrbuecher, welche diese gesandtschaft melden, berichten ueber die nach der kirchenversammlung zu Pavia leider nichts.

Und auch unsere anderweitigen nachrichten ueber den bischof Albert von Verdun, der bereits 1163 starb, [21]) die uns irgendwie anhaltspunkte zur entscheidung dieser frage geben koennten, sind nun leider duerftig genug. Er war aus dem hause Marcey (Marcie), in der naehe Longwys zwischen Verdun und Luxemburg [22]) und regierte von 1156 vor Aug. 27 bis 1162 April 14 [23]); er folgte auf Albero III. von Chiny, der 1156 resignirte und 1158 starb [24]); der nachfolger Alberts war Richard

---

[19]) Anm. 6. Vgl. schisma s. 299 anm. 506b.
[20]) S. M. K. anm. 17, 27, 39, 54, 188, s. 82, anm. 198, 213, s. 91, 338a, 410a, 436b.
[21]) Annales S. Vitoni Virdunensis, von 96—1481, SS. 10, 527 s. a. 1163.
[22]) Nach Mooyer.
[23]) Roussel p. 259.
[24]) Ann. S. Vitoni Virdunensis l. l. s. a. 1156: Ordinatio Alberti episcopi duobus annis ante obitum Adelberonis; — a. a. 1158: † Adelbero episcopus Virdunensis. (Danach muesste es Jaffé reg. pont. n. 6899 Alberoni (III) fuer A(lberto) Virdunensi heissen. — Laurentius, gesta episcop. Virdun. SS. 10, 517 l. 23 seq.: Albero vero episcopus labore affectus et tedio, etate fractus et senio, epi-

III. das Kind, von Crisse, 1163—1171.[25]) Nun wird allerdings die geistige befaehigung Alberts geruehmt, auch gesagt, er habe sich, soviel er konnte, muehe gegeben, die irrthuemer auszurotten; allein das kann sich doch wohl ebensogut oder wohl noch besser auf eine haeresie als auf ein schisma beziehen.[26]) Im uebrigen hatte er, wie wir aus der beschreibung, die von ihm gemacht wird, sehen, manche zuege mit unserm bischofe gemein; aber dass er das moenchsgewand nahm,[27]) wird uns gewiss nicht die nachricht von seiner diplomatischen thaetigkeit glaubwuerdiger erscheinen lassen. Freilich geschah das vielleicht erst nach seiner rueckkehr und vielleicht aus aerger ueber nichterreichung seines zweckes, liesse sich einwenden. Bemerkenswerth aber ist jedenfalls, dass er auf der kirchenversammlung von Pavia anwesend war und den beschluessen beistimmte.[28])

---

scopatui resignavit, anno D. 1158 in pace quievit. Alberoni successit in episcopatus regimine Albertus de Mercaio.

[25]) Nach Monyer.

[26]) Die genannten gesta a. a. o.: vir excellentis ingenii, litterature vernans studio, qui sollerti sagacitate ovum suarum curam gessit, et pro humanæ possibilitatis modulo causas erroris extirpavit, jactantia nescius (so) et pauperum adjutor indefessus.

[27]) Daselbst: Hic tantillo tempore, quo supervixit, cepit lectioni vacare et orationi incumbere, sicque postmodum modico dilapso tempore post habitus susceptionem spiritum ethalavit, ac coram altari b. Laurentii in nostro monasterio sepultus est.

[28]) Epist. præs. conc. bei Rag. 2, 70: Ego Hellinus Trevirensis archiep. cum meis suffraganeis consensi; dies war freilich bei Hillin keine persoenl. anwesenheit, da, wie wir wissen, Hillin nicht in Pavia erschien, s. die ep. cuj. viri rel. ad ep. Saltzburg. bei Rag. 2, 72: Absentes omnes, quos prænotavimus archiepiscopi pro se et suis suffraganeis plenarie consenserunt, excepto Trevereense, qui cum iter cepisset, infirmitate præpeditus, excusatorius tantummodo literas direxerat. Dann heisst es gleich weiter: Præsentes autem ejus (Trevirensis) suffraganei Tullensis et Verdunensis pro se et consuffraganeo suo Metense in integrum spoponderunt.

In demselben jahre (1160) belehnt erzbischof Hillin von Trier den bischof mit der burg Mussy, zur sicherung der Verduner kirche. [29]) Auch auf der kirchenversammlung zu Lodi, 1161 Juni 19—22, erscheint er wieder. [30])

. Vielleicht wird man bei dem worte der ep. cuj. rel. viri, Virdunensis (in Hispaniam), eine verwechselung mit Verdensis vermuthen duerfen. [31]) Verden,

---

[29]) Beyer, M. R. U. B. 1, 680. 681, n. 619: quod indempnitati et paci Virdunensis ecclesie ex officii nostri debito providere cupientes.

[30]) Als Albero statt Albertus (vgl. anm. 24) in urkunde des kaisers fuer den propst Otto von Kappenberg mit der falschen jahreszahl 1162, Laude in generali concilio, als zeuge neben Hermann von Verden, seinem doppelgaenger: Helimannus Uerdensis, Albero Verdunensis, Erhard, C. D. Westf. 2, 97. n. 325. Erhard setzt die urkunde, durch ihre falsche datirung verleitet, irrthuemlich zu 1162, indem er das devastatio Mediolani in der datirung derselben mit destructio verwechselt, bemerkt auch nicht, dass Albero falsch statt Albertus steht. Auffallend ist die stellung Verduns in dieser urkunde. Denn obgleich auch der erzbischof Hillin von Trier unter den zeugen erscheint, so folgt nicht sein suffragan Verdun auf ihn, sondern erst Muenster (Friedrich), Luettich (Heinrich), Utrecht (Gotfrid), Minden (Werner), Paderborn (Ewergis), Verden (Hermann); dann erst kommt Albert von Verdun, hinter ihm Brandenburg als letztes bisthum.

[31]) In den regesten Hermanns von Verden findet sich eine auffallende luecke zwischen 1160 Febr. 16 (n. 36) und 1161 Juni 19—22 (n. 37). Aber es fehlen auch z. b. ganz die jahre 1151, 1156, 1164. Aehnlich fehlen bei Daniel v. Prag die jahre 1147, 1154, 1164 (Tourtual schisma beil. 1, s. 204), bei Kristian v. Mainz die jahre 1172, 1174—1176, 1178—1183. Stumpf, act. Mag. sec. XII p. XX, XXI, bei Wichmann von Magdeburg die jahre 1148, 1150, 1153, 1168, 1169, 1189 bei Fechner; doch haben wir in den ergaenz. n. 12 auch 1168, n. 13 1169, n. 31 1189 nachgewiesen, s. exkursheft zum schisma. Garsidonius v. Mantua verschwindet gar auf nicht weniger als 12 jahre (Tourtual, schisma exk. 1 s. 9—11 und nachtrag s. 255).

Verdun, Werden, Kaiserswerth und Donauwoerth [32]) werden in den quellen nicht selten verwechselt, aber auch in bearbeitungen. So macht Palacky [33]) unsern Hermann zum bischofe von Werden, Suibert von Kaiserswerth ist in der vita S. Suiberti apostoli Frisonum et Boructoriorum auctore Marcellino aliter Markelmo presbytero faelschlich zum bischofe von Verden gemacht, ebenso in der epistola Rixfridi Frisii, monachi et episcopi Trajectensis ad s. Ludgerum episcopum Monasteriensem de s. Suiberto episcopo Verdensium ed. Surius vit. Sanct. 1. Mart. [34]) Und so haeufig.

Schliesslich sei noch bemerkt, dass Verdun mit Spanien bereits unter Otto dem Grossen in handelsbeziehungen stand: dem Johann von Gorze, der vom kaiser an den kalifen von Kordova geschickt ward, wurde der Verduner kaufmann Ermenhard mitgegeben, der in handelsgeschaeften oefters ueber die Pyrenaeen gekommen war. [35]) Dass Johann moench im nahen kloster Gorze war, ist auch zu beachten. — Dergleichen verbindungen suchte man bei abordnung von gesandtschaften zu benutzen, und es ist wohl kein zweifel, dass sie unter Friedrich I. ebensowohl bestanden, als unter Otto I.

---

[32]) 1. = Verda, Ferda, aber auch Vardun, Fardun.
    2. = Virdunum, Virodunum.
    3. = Werdena.
    4. = Caesaris Werda oder gewoehnlicher Werda S. Suiberti.
    5. = Werdea

[33]) Geschichte von Boehmen 1, 449.

[34]) Potthast, Bb. hist. med. aevi p. 896. 897; von Westphalen nennt in seinen monum. ined. II, 2027 wohl durch einen schreibfehler Episcop. Tardensis statt Fardensis, Verden. Wedekind, noten, Hamburg 1823. 1, 115.

[35]) Giesebrecht G. d. D. K. Z. 1, 504. Vita s. Joh. Gorziensis abb. SS. 4.

Anhang.

I.

Eugenius III. papa Hermanno episcopo mandat, curet, ut monasterio Kaminatensi adempta bona restituantur.[1])
Idem papa Ferdensi episcopo.[2])
1152 Jænner 9.

Si universalis æcclesiæ curam, quam gerendam Deo auctore suscepimus, diligenti consideratione pensemus, providendum nobis est, ut omnibus fidelibus, illis maxime qui specialiter ad tutelam nostram spectare noscuntur, taliter suam justiciam conservemus, ut sub optentu subtractæ justitiæ in sui rigore officii non debeant negligentes existere. Dilecti filii nostri W(ibaldi) Corbeiensis abbatis nuper suggestione didicimus, quod Hungoldus frater tuus, unde valde miramur, W. et Ge. et quidam alii parrochiani tui bona Kaminatensis ecclesiæ, quæ ad jus ipsius spectare dinoscitur, violenter auferant et injuste detineant. Quia igitur ecclesiastica bona et precipue Corbeiensis æcclesiæ, et quæ ad ipsam spectant, sub defensione et tutela nostra consistunt presentium tibi auctoritate mandamus, quatinus germanum tuum et alios prefatos invasores districte commoneas, ut prefatæ æcclesiæ ablata restituant et ab ejus infestatione desistant. Quodsi tuis monitis obtemperare noluerint, debitam de ipsis justiciam facias. Data ut supra (Signiæ, 5. Id. Januarii).

---

[1]) Aus Jaffé, mon. Corb. n. 359 p. 489. Cod. Wibald. 336. — 1152 Jan. 9.
[2]) Jaffé, n. Hermanno.

II.

Bischof Hermann von Verden schenkt dem domkapitel den halben zehnten zu Hasselwerder (im K. Neuenfelde Gr. Ger. Alten Landes) und beurkundet einen vertrag zwischen den domherren und dem dompropste Bernhard in betreff der aufkuenfte aus einem hofe in Hanstedt. (Kd. im A. Winsen a. d. L.) 1155.[1]

In nomine sancte et individue trinitatis ego Herimannus divina gracia Verdensium epischopus (so). æternæ pacis et quietis estuans desiderio. sciensque redempcionem peccatorum non in sola vitæ puritate. verum eciam in elemosinis et misericordiæ operibus consistere. dimidiam partem decimæ in haslewerthere tam in fructibus. quam in animalibus æcclesiæ sanctæ Mariæ. sanctæque cæciliæ jure inviolabili obtinendam dedicavi. eamque ad usum fratrum in die ordinacionis meæ ob æternam ab ipsis apud Christum nominis mei memoriam deputavi. Notum sit eciam omnibus tam præsentibus quam futuris fratribus præfatæ sanctæ fardensis æcclesiæ. cui ego deo auctore deservio. super quadam curte hanstede scilicet convenisse. linumque et lanam ejusdem curtis. pro quibus inter fratres. et præpositum diuturna controversia extiterat. soluta lite. præpositis omnibus in ordine sibi succedentibus communi assensu concessisse. hac scilicet pactione et lege. ut si quando quispiam fratrum circa exteriora negocia fuerit occupatus. panem siligineum et cervisiam. que in absentia alicujus fratris in jus prepositi cedere solebat. frater absens accipiat. an-

---

[1] Aus v. Hodenberg, V. G. Q. II. n. 21. (XLVI). Nach dem originale im koeniglichen archive zu Hannover.

nuente Bernhardo æcclesiæ preposito, sub nostra (so!) et venerabilium personarum testimonio. Quod ne ulla præpositorum succedentium infringi aut pervelli queat violentia, una cum decima a nobis collata, auctoritate dei et nostra sub anathemate prohibemus, atquo ad majorem ejusdem rei roborationem, testimonii ac sigilli nostri privilegio munire curavimus, astipulantibus ejusdem æcclesiæ prælatis et sacerdotibus. Bernhardo preposito. Brunone decano. Helmberto bardewicensium præposito. Ruodolfo summo magistro. Volberto. Absalone. Adholfo. de numero vero levitarum. Wiggero. Fritherico. Reinhardo. subdiaconorum etiam (so) Thiderico. Baccone. Sicconc. Tammone. Ricmaro. Acta anno inc. dom. MCLV. ind. III. presidente sedi Romanæ summo pontifice Adriano. sub fridherico (so) glorioso romanorum imperatore regnante. Herimanno vero piæ memoriæ antistite æcclesiam fardensium amministrante fideliter. amen.

Das gut erhaltene siegel des bischofs ist aufgedruockt.

Berichtigungen und zusaetze.

S. 1. text z. 2 v. u. Das Walkenrieder U. B., herausg v. niedersæchs. geschichtsverein, ergab doch eine urkunde, reg. n. 10.

S. 9. text z. 3 v. u. streiche die worte: die investitur — werden z. 2 v. u.

S. 10 z. 1 streiche ja — zugegen z. 2. Die angefuehrte stelle anm. 29 hat einen andern sinn: beide koenige gaben ihre zustimmung, dass bestaetigung dieser verleihung vom papste, den Roemischen grossen und dem ganzen Roemischen volke eingeholt werden duerfe; der papst war ja auch damals nicht in Deutschland; 1147 Mærz 9 weiht er einen altar Ulciæ (Jaffé, reg. pont. Rom.); 1147 Mærz 26 urkundet er in Clugny (Jaffé, das. n. 6293). Diese anschauung, dass das eigenthum der Roemischen kirche, der doch wohl, wie so oft geschah, diese kloester von den stiftern offerirt sein werden, zugleich als eigenthum des Roemischen volkes betrachtet wurde (wir hatten zu populo natuerlich nicht Romano ergaenzt), ist sehr bezeichnend fuer die 1. haelfte des 12. jh.; am bezeichnendsten ist wohl eine stelle bei Ughelli, Ital. sacra 3, 382, wo 1126 Juli 21 von Honorius II. dem erzbischofe Roger von Pisa das recht der weihe der bischoefe von Korsika wiedergegeben wird, mit zustimmung des stadtpraefekten Petrus, der consules et Romanæ urbis sapientes et nobiles; vorher hatte eine zeitlang der Roemische stuhl Sardinien und Korsika als sein eigenthum in anspruch genommen. Die urkunde steht auch bei Tronci, mem. di Pisa p. 61, Mansi conc. 21, 343. Cocquelines coll. 2, 198. Jaffé, reg. pont. Rom. n. 5242.

S. 40 anm. 145. Die zeugenschaft Hermanns in der urk. v. 1162 Sept. 7 (anm. 145) ist irrthuemlich angegeben; dagegen ist er zeuge einer kaiserl. urk. 1161 (Juni) (Lodi), act. imp. n. 110, und 1162 Juni 9 Pavia, s. reg.

S. 22 anm. 72 fuege hinzu: H. ist z. in kaiserl. urk. v. 10. Juli 1158 am Mincio zwischen Volta und Valeggio, in welcher Fr. I.

das zu ehren des erloesers und aller heiligen zu Mantua erbaute hospital in seinen schutz nimmt und den prior und die brueder von der verpflichtung zur leistung des juramentum calumniæ befreit. In dieser urk. treten die von uns naeher behandelten 3 bischoefe von Verden, Prag und Mantua zugleich auf, dagegen Wichmann von Magdeburg, der den zug doch auch mitmachte (Vinc. Prag. Tausch. p. 118 zu 1158) nicht; vor Hermann geben voraus Eberhard v. Bamberg und Gebhard v. Wirzburg; er steht vor Konrad v. Eichstaedt, Daniel v. Prag, Carsendonius v. Mantua, Omnebonum v. Verona. Act. imp. n. 104 aus d. archivio diplomatico zu Mailand.

S. 43 z. 6 l. Ruginentus.

S. 43 z. 8 streiche: ein urtheil.

S. 43 anm. 64 z. 5 v. u. schalte nach Morena Azo ein.

S. 44 anm. 166 a) oder Deusdedit.

S. 45 anm. 172. Es steht doch Konrad da.

S. 61 n. 29 ausstellungsort ist Neu-Lodi.

Zu Garsidonius von Mantua s. 260 des exkursheftes zum schisma bemerken wir noch folgendes:

1186 Mai 1 Borgo S. Donino. H. VI. fuer Lukka, dessen gebiet und muenze mit bedeutenden exemtionen anerkannt werden. Mittheilung Wuestenfelds.

Wuestenfeld glaubt, dass die betreffende urkunde von 1187 Apr. 17 Borgo San Donino wirklich zu 1187 zu setzen sei; sie passt ganz genau fuer dieses jahr zwischen Voera (Vogbera bei Tortona), wo sich 8. Apr. Heinrich VI. befand (mon. patr. chart. 1, 617) [und Fucecchio, wo er am 29. Apr. war] und die urkunde vom 24. Maerz zu Lodi. Zudem sind noch 2 urkunden da, die darauf hinweisen, dass Garsidonius noch 1187 gelebt habe. 1187 Sept. 5 (Fantuzzi, mon. Rav. 2, 183) restituirte gf. Walther von Fano dem kloster S. Mariæ de Portu bei Ravenna eine entzogene casa und terra in suburbio von Fano, deren rueckerstattung ihm frueher Heinrich VI. in gegenwart herzogs Konrad von Spoleto und der bischoefe von Mantua, Modena, Reggio, Padua und Cesena befohlen hatte. Die urkunde, in der er dies gebot, ist leider verloren; sie scheint aber jedenfalls nicht allzuweit zurueck versetzt werden zu koennen; der name des bischofs von Mantua ist nicht angegeben; halten wir aber diese bischoeflichen zeugen mit denen der fraglichen urkunde von 1187 Apr. 17 zusammen, so erscheint es bemerkenswerth, dass auch in der letztgenannten die bischoefe von Mantua und Reggio unter den zeugen sind beim koenige. Dazu kommt, dass das chron. Mant. nicht durchaus genau in seinen zeitangaben ist; so setzt es z. b. 1290 einen frieden zwischen Mantua und seinen Welfischen feinden, der nach anderen authentischen aufzeichnungen (chron. Regh. bei Murat. SS rr. Ital. 18, 13) 1291 faellt; vielleicht ist betreffs des sterbejahres des Garsidonius 1186 ein versehen des kompilators dieser anzunehmen.

Betreffs der anm. 2. s. 259 bemerken wir, dass Wuestenfeld uns unter dem 22 Sept 1866 aus Goettingen folgende mittheilung machte: Was diesen vertrag betrifft, bin ich jetzt, da das jahr 1187 nun jeden gedanken an eine beziehung zu Kremona ausschliesst, der ueberzeugung geworden, dass, welche lesart auch die richtige sein mag, der vertrag einen streit ueber Susaria betrifft, auf welches sowohl die Mantuaner als auch der bischof von Reggio anspruch machten; es war darueber bereits 1183 Mai 16 in Lizara (= Luzaria) ein zeugenverhoer gehalten (Tiraboschi, stor. di Modena t. III) vor 2 subdelegaten der bischoefe von Brescia und Verona als paepstlicher delegaten, wonach die von Reggio eigenmaechtig dort eine burg angelegt hatten. Weitere urkunden gibt Tiraboschi fuer diese sache nicht und scheinen kaum noch vorhanden zu sein. Der vertrag mag 1187 also entweder in Suzara oder in Luzara, wo das verhoer stattgefunden, geschlossen sein; vielleicht uebernahm der kaiser dabei die vermittelung; wenigstens wuerde das seinem damaligen streben, ruhe in Italien beim nahen abzug herzustellen, entsprechen; vielleicht starb Garsidonius am hoflager Heinrichs VI., der 1187 Apr. 29 ap Ficiclum urkundet (Boehmer, reg. n. 2729, am 24 Juni in Sabina prope castro Ortriche¹), am 19. Aug. zu Bologna, am 13. Sept. zu Pavia²) (Boehmer, reg. n. 2730, 2731) und im Oktober Vellianum (= Avelliana, westlich Turin) belagerte. (Ann. Placent.

---

¹) Fuer Florenz Mitgetheilt von Wuestenfeld, aus dem arch. dipl. zu Florenz, cod. 25 Z : Petrus, urbis praefectus, dux Fridericus de Bites (Bitsch; Oberlothringen; vgl Ficker reichsfuerstenstand § 149 s. 197), comes Ruhertus de Nassave, Petrus Traversarius, comes Ariminensis, Robertus de Durna, Arnoldus de Horemberg, Heinrich Testa marscalcus, Philippus de Bonlanten. Johannes hofkanzler vice Philipp erzkanzler. Guido filius Venture de Spugnole. Vgl. die zeugenreihen der urkunden Heinrichs VI. act. imp.

²) In einer andern urkunde vom selben tage bestaetigt er dem Rainer und Berengar von Ricasoli (zwischen Florenz und Siena) das pedagium (zoll) von 12 denaren fuer die soma (packen) waaren. Camici, supplemento dei duchi di Toscana (1772) p.100.

SS. 18.) Bemerkenswerth ist die eben angefuehrte urkunde vom 13. Sept. zu Pavia (B r. n. 2731; steht nicht nur bei Zacharia anecdota medii aevi 239, sondern auch Robolini, not. stor. di Pavia 3, 162), in der Heinrich VI. dem kloster S Marini[3]) und Leonis zu Pavia das ripaticum im Tessin bestaetigt[4]), trotz der entgegenstehenden sentenz des olim bischofs Garsendonius, des delegaten Urbans III., da es dem papste nicht zukomme, ueber reichssachen entscheidungen zu faellen und die von Ferrara, zu deren gunsten die sentenz des Garsendonius erlassen gewesen, damals dem kaiserlichen banne unterworfen gewesen sein. Es ergibt sich also aus dieser wichtigen urkunde, dass Garsidonius 1187 Sept. 13 bereits todt war, weiter aber auch, dass er, frueher der entschiedenste anhaenger des kaisers, im und nach dem schisma, bei dem neuerdings zwischen dem kaiser und Urban III ausgebrochenen streite sich auf die seite des papstes neigte; vielleicht bewog der papst den bischof, als delegirter richter den getreuen Ferraresen, bei denen er den abend seines lebens verbrachte, die freiheit vom Tessinzoll zu bestaetigen; aber es schloss sich Garsidonius dann doch dem aus Mittelitalien heimkehrenden Heinrich VI. mit mehren anderen Lombardischen bischoefen an, wozu ihn vielleicht verhaeltnisse in Mantua noethigten, die nicht mehr zu ermitteln sind.[b])

Visi verzeichnet noch eine urkunde nach einem recapitò, stor. di Mant. 2, 364, nach welcher 1179 Maerz 20 auf rath von Petrus propst, Dominicus, Ermenardus, Obizo presbyterorum, Ferragutus canonicus, Otto archipresbyter, Castellucii, Ubald, Albertin vicedominorum, Albertus Azzonis Enrici (vgl. die zeugen act. imp. n. 119 zu 1164 Mai 27 Pavia) der bischof Garsendonius von Mantua an Johann und Guiscard von Kampitelli ein haus der kirche von Mantua in Kampitelli mit zugehoerigem besitz an muehlen, fischerei u. s. w. verleiht, fuer abgabe von $1/2$ des ertrages. Visi haelt sich nun selbst vor, dass Garsidonius die beschluesse der Lateran. kirchenversammlung unterschreibt (Achery, spicileg. 12, 644), die nach Reuters untersuchungen (G. A. III. 3, 426, 438. K. B. F 37 c 3, 766) 1179 Maerz 5—19 od. 22 dauerte, und sucht nun an den

---

[3]) So Wuestenfeld und Ficker act. imp. n. 169; Boehmer reg. n. 2731 Martin.
[4]) Eine aehnliche urkunde Heinrichs VI. s. act. imp. n. 169.
[b]) Wir machen hier darauf aufmerksam, dass 1188 Reggio mit Modena und Parma maechtige buendnisse schloss.

akten dieser kirchenversammlung zu maekeln, um das jahr 1178 oder 1180 fuer dieselbe herauszubringen: ein vergebliches unternehmen. Naehme man dagegen den in Oberitalien sehr gebraeuchlichen Florentinischen stil an, nach welchem von 1180 die zeit bis Mærz 28 noch zu 1179 gehoert, so haette die urkunde keine schwierigkeit und fiele nach unserer zeitrechnung 1180; oder man kann hier das so oft (vgl. z. b. schisma s. 270 anm. 432) vorkommende verwechseln von Mart. und Maj. annehmen, so dass also die fragliche urkunde zu 1179 Mai oder 1180 Mærz zu setzen waere. Beides passt nach unserer jetzigen kenntniss in das itinerar des bischofs.

Sonst haben wir noch hinzuzufuegen:

Zu s. 5. 1148 Mai 5. Bisanz. Garsidonius bei der weihe der groesseren kirche S. Johannis des Evangelisten durch Eugen III. Martyrol. Vesont. in act. SS. Juni t. 1, 699. Jaffé, reg. pont. Rom. p. 634.

Zu s. 10. z. 4. 1168 Apr. 22: Oblatio Mantuanæ de ½ domus muratæ episcopo Mantuæ Garsendonio et ecclesiæ s. Petri. Visi, stor. di Mant. 2, 335. Die stelle ist besprochen s. 251, 252; s. 251 z. 6 l. »nach welcher 1168 Apr. 22.« Die eigentliche urkunde gibt Visi nicht, sondern nur ein recapitò, wie er es nennt. Dies ist ohne indiktion und regierungsjahr; wegen der zeugen, die in der urkunde kaisers Friedrich 1164 Mai 27 Pavia fuer Mantua (act. imp. n. 119) ebenfalls erscheinen, ist das stueck vielleicht zu 1164 zu setzen (indem leicht MCLXVIII fuer MCLXIIII verschrieben sein kann); der aufenthalt des Garsidonius zu Mantua 1168 ist wegen des damals uebermaechtigen Lombardenbundes sehr unwahrscheinlich.

s. 256 z. 14 l. Gen. 1, 210.

s. 257. 1164 Novb. 24. G. erlaesst auf bitten von Martin, archipresbyter von Ripalta und des dortigen kapitels diesem den jaehrlichen tribut, 1 majale, vor Petrus, propst, Arminard presbyter, Morandus medicus, Otto sacerdos. Visi, stor. di Mant. 2, 316.

s. 258 z. 3 v. ob. l. Nuvolato. Die urkunde gibt Tiraboschi als citat ohne tag und ort; der ausstellungsort ist vermuthlich Nuvolato.

s. 259 anm. 2. Streiche Was — Friderici imperatoris.

Wir werden bei naechster gelegenheit in einem 2. hefte forschungen alles ueber Garsidonius vorgebrachte noch einmal uebersichtlich zusammenfassen; leider wurde eine anzahl von nachrichten zu spaet aufgefunden, um an richtiger stelle noch eingeschaltet werden zu koennen.

Im Uebrigen bemerken wir noch

M. K. s. 17 anm. 35 a. Kg. Wladislaw, herzog Theobald und Daniel v. Prag sind zeugen in der urk. am Mincio v. 10 Juli. Act. imp. n. 104.

Zu den 4 nachtraegen:
s. 196 z. 11 l. Tauschinski
s. 198 n. 6 z. 6 l. Gerhoh

Exkursh. z. schisma. S. 75, 76. Bernardus Favent. ep. bezeugt eine ksl. urk. 1162 Maerz 13 vor Mailand, act. imp. n 112, viell. verschrieben fuer Bertram = Rambert. Homol Belliae z auch verschr. statt Anthelm s. Mooyer.

s. 89 z. 13 l. humiliter; z. 6 v. u gravamen.

s. 190 1159 Mai 17 Melegnano an der Vetabia s. o. Mailand. Daniel z. in ksl. urk. fuer Tinto Mussa de Gatta v. Kremona. Steht nach Eberh v. Bamberg. Erst jetzt gedr. in den eben erschienenen act. imp. n. 106 aus hs. der bl. Vallicelliana G. 54, fol. chart. sec. 16 ex. bl. 223 zu Rom.

s. 211. Hermann v. Verden ist nicht sicher in Burgund nachzuweisen; von seinen nummern muss daher eine in abzug gebracht werden.

s 226 n. 25 l. Escherstaedt.
s. 230 n. 36 l. 1190 Juli 20.
s. 231 3 spalte: statt des letztgenannten Seeburg, welches fortfallen muss, schalte vor das 1. o. o. in spalte 1. Magdeburg ein.
s 232 z. 7 l. statt 32: 24.